最強の声と体を手に入れる！

マッスルボイトレ

東 哲一郎
GOLDWAX代表

yamaha music media

声

自信のない声、

意見が伝わらない声、

はっきりしない声で、

後悔したことはありませんか?

引き締まったお腹、

厚い胸板、

広い背中。

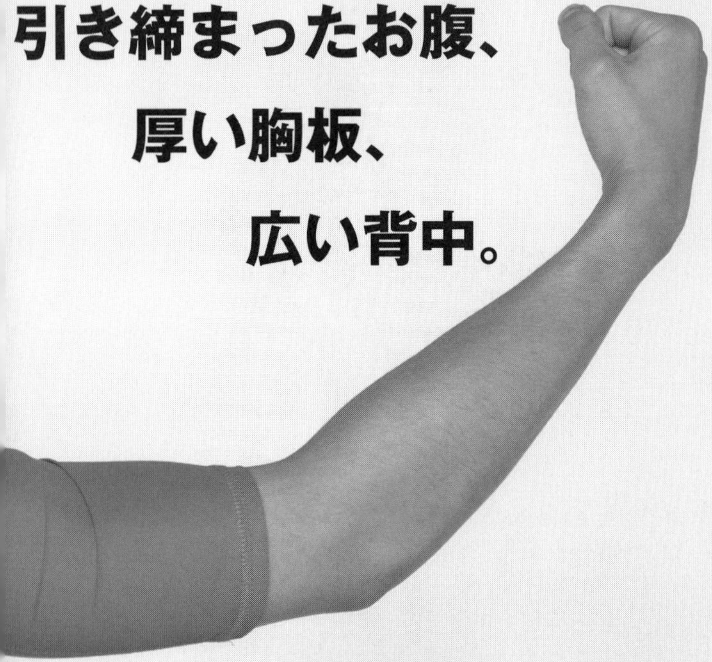

「強靭な肉体」は

自信と勇気を与えます。

肉体

肉体

声と体に革命を起こし、
あなたに強さと自信を与えるトレーニング、
それが

マッスルボイトレ

声×

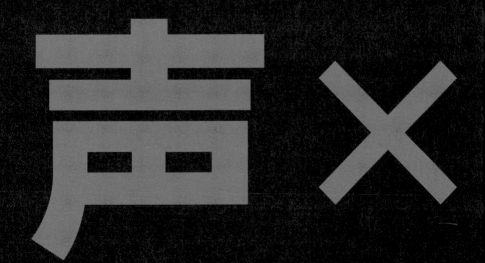

体の軸を整える。

自分の限界を超える。

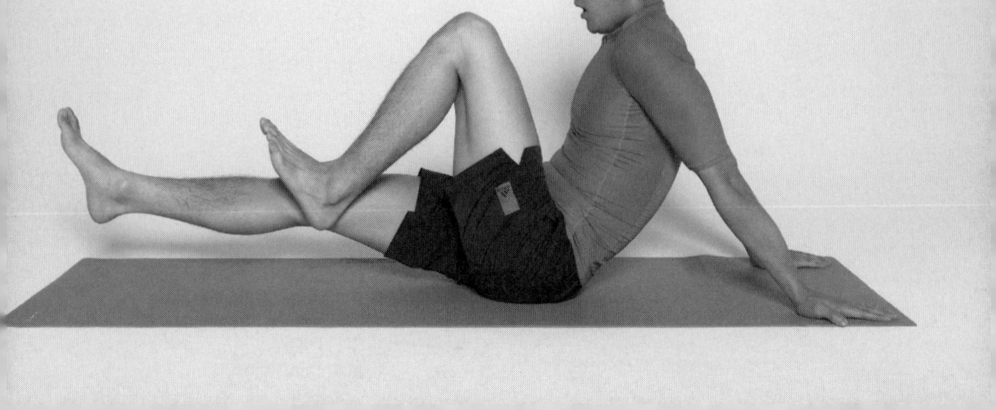

声から、変える。
内側から、変える。

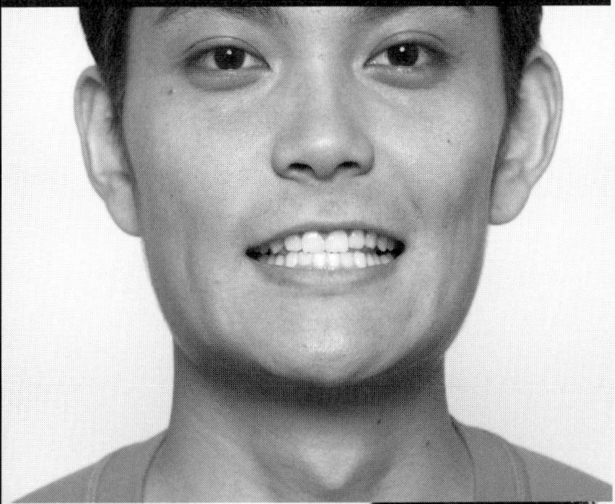

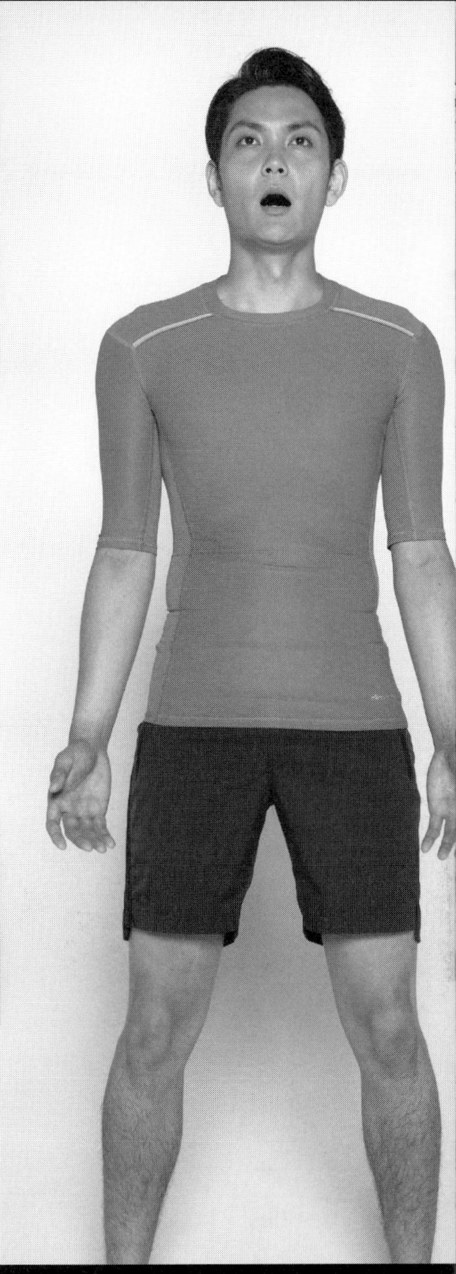

自分の肉体に
革命を起こせ!

マッスルボイトレ3つの特徴

1 声が変わる

出したい声を無理なく出すために、「息の量をコントロールする筋肉」「声帯の張りをチューニングする筋肉」を鍛えます。

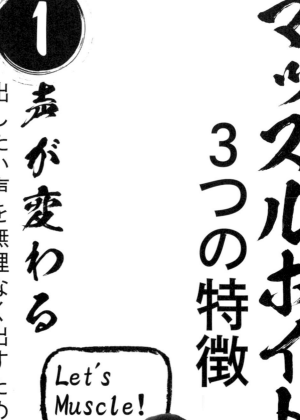

2 内側から体が変わる

マッスルボイトレはボイストレーニングでありながら、筋力トレーニングでもあります。体の機能からシルエットまで改善されます。

3 自己肯定感を高める

トレーニングをして声や体が変わると、自分に自信が持てるようになります。周りに与える印象も変化し、社交性も高まります。

はじめに

「歌の上手下手は結局才能。ボイストレーニングなんてやっても無駄」
そう思っていませんか？

そんな方は、
フィジカルとメンタルのバランスがとれたボイストレーニングを、
まだ知らないだけかもしれません。

海外では「具体的なボイストレーニングで結果を出す」のが当たり前。
歌はトレーニング次第で「誰でも上手になる」ものなのです。

かくいう私もアマチュア時代は、
「発声練習なんて歌のお稽古みたいでカッコ悪い、メンドくさい」
と思って遠ざけていました。

自己流でＣＤデビューまで押し通したものの、転機はすぐにやって来ました。
デビューしてすぐの１９９５年に、

ロサンゼルスでマイケル・ジャクソンのツアーのコーラスメンバーと、
レコーディングする機会に恵まれたのです。
静かなレコーディングスタジオで、
マイクやアンプを通さない彼らの生の声を聞き、
あまりにも自分と違う実力に愕然とし、
「歌に対して、日頃から何か実践していることはあるのか」
と教えを請いました。
すると、彼らが圧倒的な量の筋トレをこなしていることがわかり、
私はそこから「声は筋肉の活動である」ということを学びました。

一方、スポーツ界では、「筋肉を鍛えるには回数だ」
という事実はハッキリと証明されています。
そうです。音楽の世界でも、スポーツの世界でも、
鍛えるためにはトレーニングの「回数」が必要なのです。

そこで、私はつらいトレーニングが楽しくなるように工夫し、

ノリの良いファンキーなビートに合わせて、体と声帯を動かし続ける、
スポーツボイスの理論を完成させました。

今では、芸能プロダクションや音楽学校、
テレビ局やフィットネスクラブ、自治体にご理解いただき、
たくさんの方々にお腹から声を出す楽しさを伝える活動をしています。
「気持ち良く声が出るようになった」
「歌に自信がついた!」
「声を出すのが楽しい!」
「体が引き締まった」
「筋力がついた!」
と多くの喜びの声をいただいております。

本書ではスポーツボイスの理論に基づき、
忙しい日常のなかでも自分の能力を高めたい方々のために考案した、
「マッスルボイトレ」を紹介しています。

「声なんて生まれつきで、
歌は才能がないとどうしようもない」
と思われていたのは、もう昔の話です。
最新の筋力トレーニングで、
声と体の筋肉を楽しく鍛えて、
心の底から大きな声で叫びましょう!!

GOLDWAX代表　東　哲一郎

Contents

Chapter3

本格的に「燃やし！」「鍛え！」「強くなる！」15分サーキット

Contents

本書の使い方

「B」「F」「D」マーク

トレーニングで使用する呼吸法または発声法を表示しています。
「B」→ブレス（32 ページ）
「F」→ファルセット（33 ページ）
「D」→ダイナミックボイス（33 ページ）

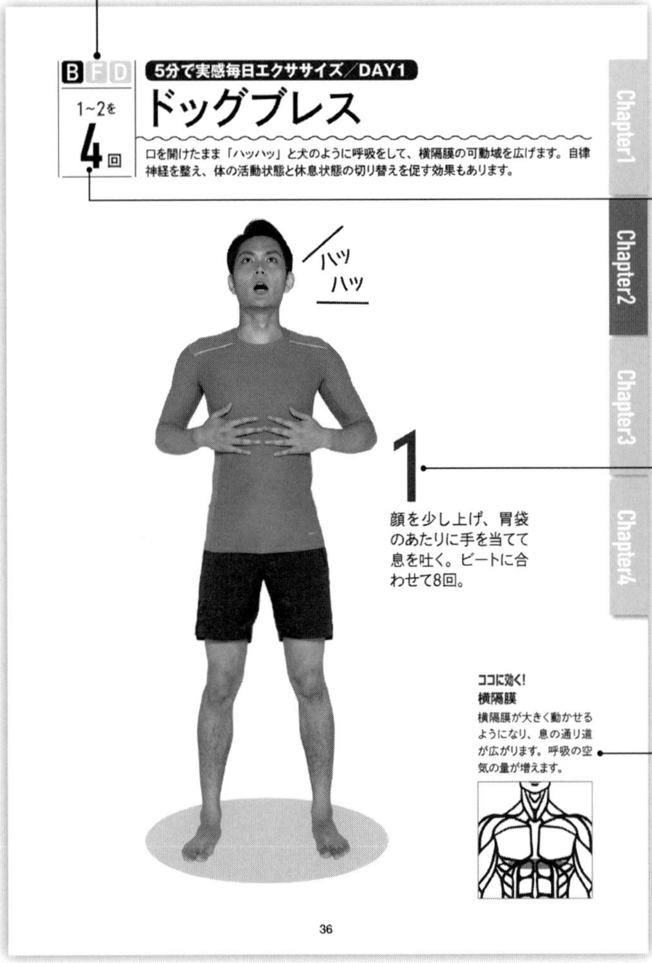

回数

効果的な回数の目安を表示しています。

「1」「2」「3」「4」各ステップ

トレーニングの具体的な動き、呼吸または発声を、段階ごとに分けて写真付きで説明しています。場合により、回数も補足しています。

ココに効く!

鍛えられる筋肉や部位、それによって得られるメリットを紹介します。

EASY
より簡単で無理のない方法を解説しています。

EASY
表情筋の動きを確認する
頬に手を当ててリップロールをすると、表情筋の動きがよくわかります。

HARD
より効果的で負荷の高い方法を解説しています。

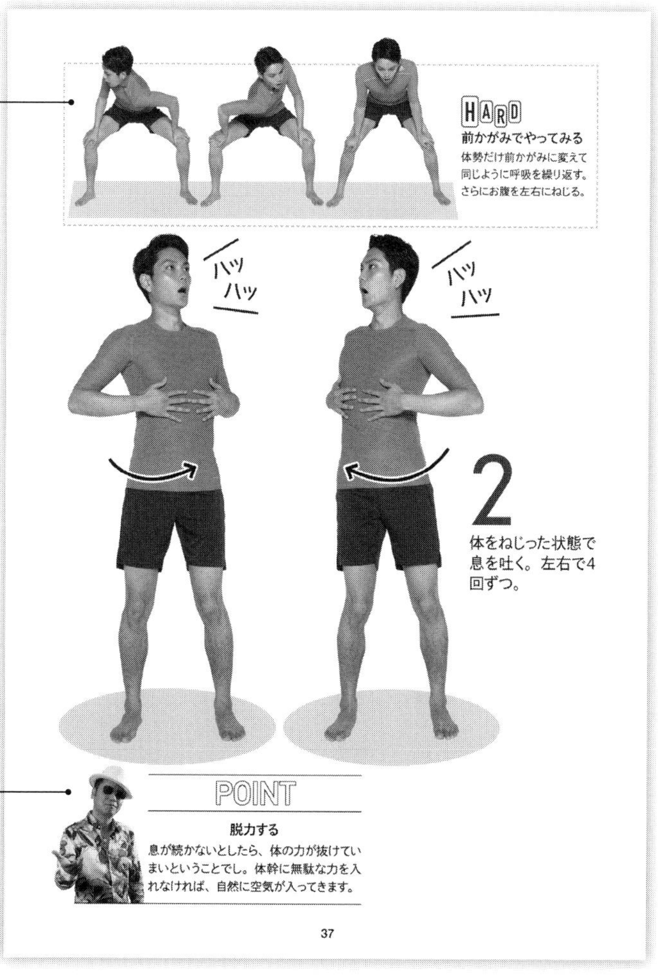
HARD
前かがみでやってみる
体勢だけ前かがみに変えて同じように呼吸を繰り返す。さらにお腹を左右にねじる。

ハッ
ハッ

ハッ
ハッ

2
体をねじった状態で息を吐く。左右で4回ずつ。

POINT
脱力する
息が続かないとしたら、体の力が抜けていまいということでし。体幹に無駄な力を入れなければ、自然に空気が入ってきます。

37

POINT
トレーニングを効果的に行うためのコツや知識を補足しています。

⬅次のページに続きます

ビートに合わせてタイミングをつかむ

1 本書のトレーニングでは、BPM120 前後の音楽を聞きながら行います。ビートに合わせて運動、呼吸または発声するのがマッスルボイトレで効果を出す秘訣です。

2 「1、2、3、4、5、6、7、8」と頭の中でカウントすると、動きや呼吸のタイミングをつかみやすくなります。BPM120 の場合、1 秒で 2 カウントです。

3 やりやすさや体の調子に合わせて拍子のとり方を半分にしたり、倍にしたりして負荷を調節しましょう。

BPMとは
(Beats Per Minute)

1分間の拍数のことで、音楽のテンポ、速さを表す数値。楽曲の BPM はパソコンの音楽管理ソフトで見られることが多い。

見本BGM

トレーニングで実際に使われている曲はここで視聴できます。
下記リンクからアクセスいただくか、右の QR コードを読み取ってアクセスしてください。

特設サイト URL
http://www.ymm.co.jp/feature/muscle-voice.php

トレーニング時間の目安

平日　5 ～ 30分

休日　60分

→およそ 2 ヵ月続けると、声と体に変化が出始めます。

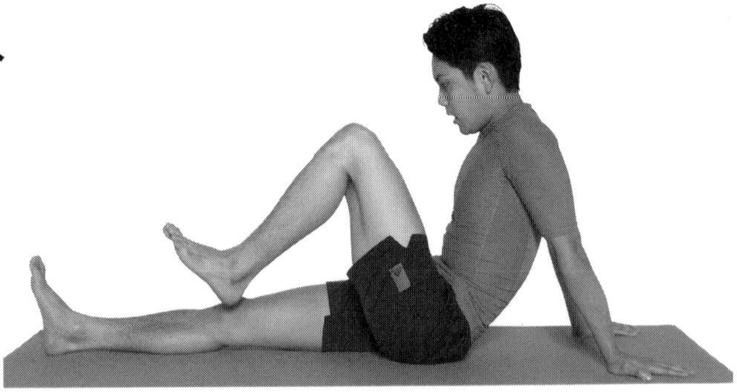

Chapter 1

体が声を作る！

マッスルボイトレが生まれた背景にある日本人の発声の欠点から、筋肉を鍛えることで声が変わる理由、トレーニングの効果まで解説します。

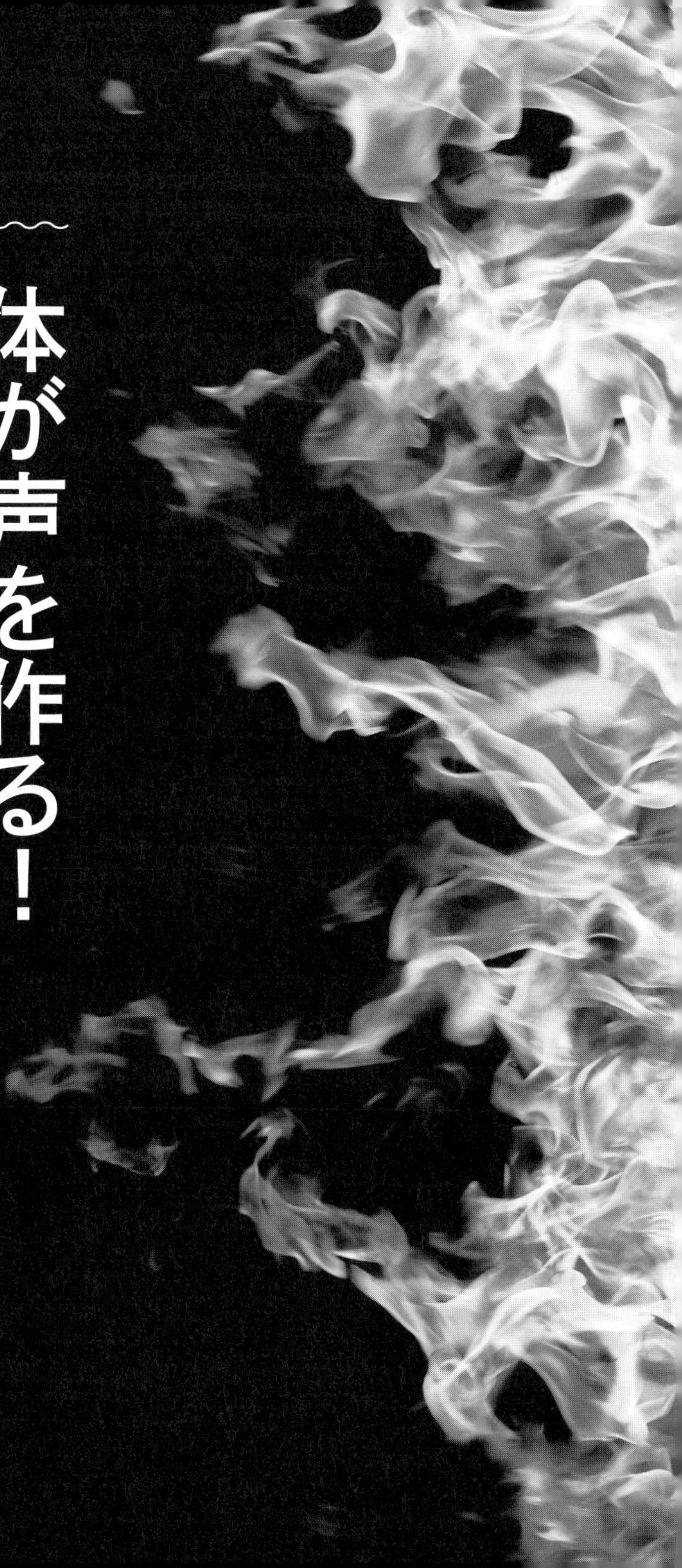

日本人はお腹から声を出すのが苦手？

喉の中央にある左右一対の襞《ひだ》のことを〝声帯〟といいます。喉を通る息がこの声帯を振動させ、空気の波として伝わると「声」になります。

実は、日本語を話すときに必要な息の量はそれほど多くありません。日本語は1文字ごとに母音があることが多く、母音それぞれで声帯を振動させるため、浅い呼吸でも話せます。

一方、英語はひとつの単語に対して、ひとつの母音アクセントと複数の子音が伴うため、日本語よりも深く呼吸し、声帯を振動させる必要があります。しっかりと言葉を伝えるためには、たくさんの息を吐かなければいけません。そのため、浅い呼吸の日本人よりも息の量のコントロールに長けているのです。

私が歌手としてデビューした１９９３年、訪れたアメリカでこんなことがありました。マイケル・ジャクソンのツアーメンバーと一緒にレコーディ

日本語の発音と英語の発音の声帯振動の比較

ソングをしていたときのことです。

　レコーディングは静かな部屋で行うため、歌う声がダイレクトに伝わってくるはずなのに、ゴスペルを歌うコーラスの男女の声がとても小さかったのです。まるで、ヒソヒソと話をしているようでした。ところが、ミキシングルームに行って録音した声を実際に聞いてみると、驚くほど大きくて魂を感じる声だったのです。

　聞いたところによると、その人たちは1日に4本もレコーディングをするそうです。そのたびに大きい声を出していたら、当然、喉を痛めてしまう。そうなると仕事にならないので、そのときに必要な声の周波数だけを出すトレーニングをしているそうです。

　その話を聞いて、声のポイントは息にあると気付いたのです。大事なのは、ただ、大きな声を出すのではなく、必要なだけの息を声にするということ。自分の息をコントロールすることがいかに大切かを実感したこの出来事が「マッスルボイトレ」のもととなるメソッド、「スポーツボイス」開発の始まりでした。

プロのボーカルは、息の量をコントロールして、喉に負担をかけずにレコーディングに必要な声を出せる。

筋肉を鍛えれば声も変わる

みなさんは、良い声は生まれつきのものだと思っていませんか？　もとから体の硬い人、柔らかい人がいるように遺伝的要素はあるでしょう。

でも、それだけではありません。適切な柔軟体操をすれば、ほとんどの人の体は柔らかくなります。それと同様に、声に必要な筋肉を鍛えれば、どんな人でも、音程や声量をコントロールできるようになります。声は、鍛えれば才能を超えられるものなのです。

日本人は呼吸が浅いと説明しましたが、同じ「こんにちは」という言葉でも、「こ」だけにアクセントをつけ、「んにちは」は息だけで発音するように空気を多く吐くと伝わり方が違ってきます。実際にやってみると、肺からたくさん空気を出すために、横隔膜を動かすお腹の筋肉が必要だとわかります。日本語でも良い声を出すためには、このような腹式呼吸が大事なのです。

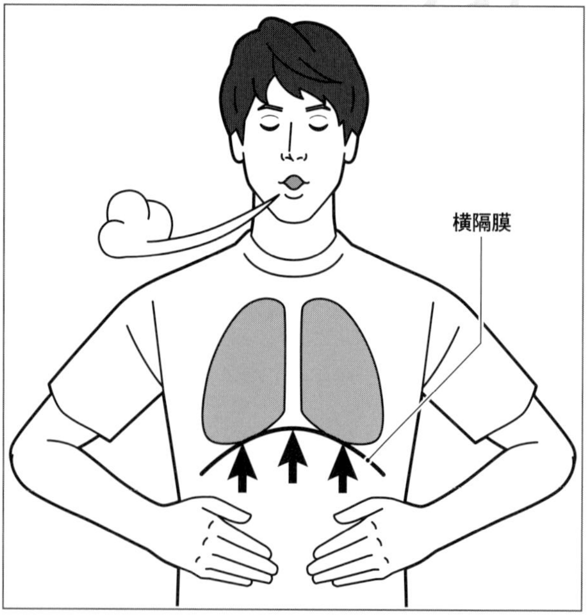

筋肉によって内臓が押し上げられると、胸とお腹の間にある横隔膜が肺をさらに上へ押し上げ、空気を気管に送り込む。

英語を母語とする人は、声を出すときにまず下腹部に力を入れます。そして内臓で横隔膜を押し上げて空気を気管に送り込み、呼気で声帯を動かします。英語やヨーロッパの言語の多くは発音自体が自然に腹式呼吸の練習になっているのです。

次に大事なのが、声帯です。声帯は、首の甲状《こうじょう》軟骨《なんこつ》と披裂軟骨《ひれつなんこつ》の内側をつなげている粘膜です。声は、声帯の振動が空気を震わせて、伝わります。簡単にいうと、声帯の筋肉が柔らかいほど声が出やすくなり、硬いほど出にくくなります。手や足の筋肉と同じで、声帯を動かさずにいると硬く短くなってしまいます。普段とは逆に、息を吸いながら声を出してみてください。これができる人は、声帯が柔らかいといえます。オペラの歌手が必ずやる練習です。

声帯に張りを持たせる役割を担う輪状甲状筋《りんじょうこうじょうきん》は、収縮すると甲状軟骨を動かし、声帯を前方へ引っ張ります。ギターの弦を想像してください。だらんと緩んだギターの弦では、良い音が出ません。逆に少し張ってあげると、良い音が出るようになります。輪状甲状筋《りんじょうこうじょうきん》を鍛えるのは、ギターのチューニングと同じだと考えればいいでしょう。

ギターの弦を張るチューニングのように、声帯をピンと張る筋肉を鍛えると良い声が出せるようになる。

マッスルボイトレは内側から変える

腰痛を予防したい人にも、マッスルボイトレは効果的です。腹式呼吸はインナーマッスルに働きかける呼吸法です。骨盤底筋《こつばんていきん》が締まることで内臓が上がり、体幹を支える内外腹斜筋を鍛えることができ、腰への負担を軽減します。逆に骨盤底筋《こつばんていきん》が弱いとすべての負担が腰にかかるため、腰痛の原因になるのです。また、骨盤底筋《こつばんていきん》を鍛えると尿もれの防止や前立腺を刺激する運動にもなりますし、男性機能の回復にも役立ちます。

さらに、呼吸にアプローチするので、自律神経の機能改善にも役立ちます。

たとえば、「ドッグブレス」というメニューでは「ハッハッハッハッ」と短く呼吸を繰り返すことで、横隔膜の動きを向上させる働きがあります。眠いときにこの運動をすると、交感神経を優位にして頭をシャキっとさせる効果があります。逆に寝付けないときは、布団の中で横になりなが

活発なときの自律神経を交感神経、休息時の自律神経を副交感神経と呼ぶ。ドッグブレスで優位な神経を切り替えられる。

ら「ドッグブレス」のトレーニングをするだけで副交感神経を優位にしてすぐに眠くなれるため、不眠症の人にも有効です。

声帯が果たすもっとも大事な役割は、一体なんでしょうか？　声を出すことだと思っていませんか？　そうではありません。実は、肺の中にゴミが入らないようにすることなのです。そのため、声帯の柔軟性を高め、運動神経を上げることは、誤嚥性肺炎《ごえんせいはいえん》の予防につながるのです。

本来、食べた物は、口から食道へと入っていきます。ところが、食べた物が誤って気管に入ってしまうことがあります。これを誤嚥といいます。誤嚥性肺炎は、物を飲み込む働きが低下した高齢者、あるいは脳梗塞《のうこうそく》後遺症やパーキンソン病などで寝たきりになってしまった患者に多く発生します。

マッスルボイトレは、声帯の運動神経を高めるトレーニングによって誤嚥を防止することができます（※注）。

お腹を動かす運動を多く取り入れ、二酸化炭素を排出するので、内臓脂肪の減少にもつながります。マッスルボイトレは、まさに〝百薬の長〟と言えるでしょう。

マッスルボイトレで予防・改善できる症状

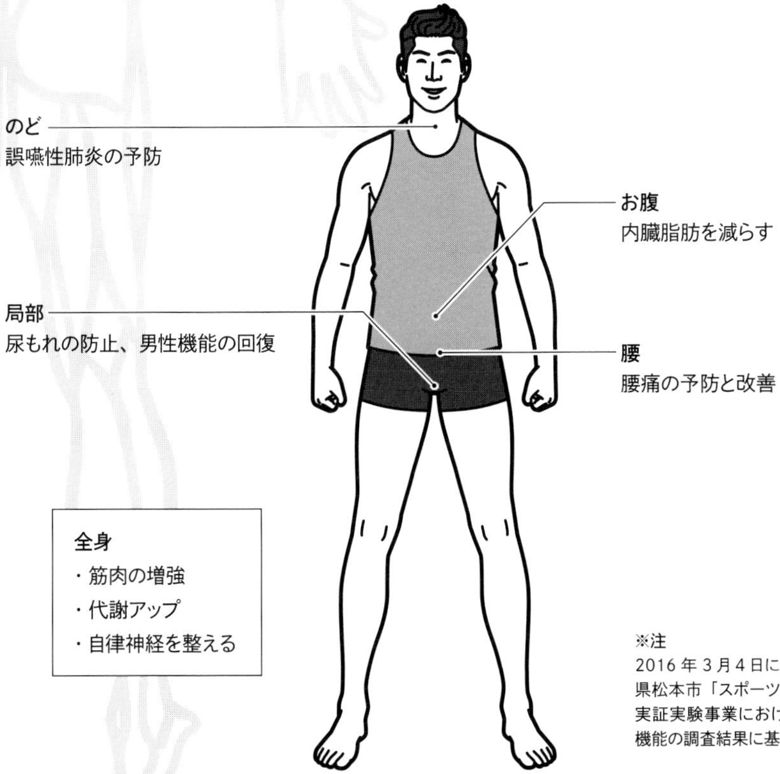

※注
2016年3月4日に行われた長
県松本市「スポーツボイス大学院
実証実験事業における嚥下・口
機能の調査結果に基づく

人は〝見た目〟だけではなく、〝声〟でその人を判断する

定年退職した男性を対象に、私のトレーニングを実施したときのことです。多くの人がはじめはノリ気ではありません。それはそうです。奥さんから「家でゴロゴロしているなら行ってきなさい」と背中を押されて来たという人がほとんどだったからです。

ところがどうでしょう。3ヵ月ほどトレーニングをして声が変わると、自分に自信が出て何をするのも楽しくなったと言います。半年もしたら、元気になりすぎて外で飲み歩くようになり、家に帰って来なくなりました。それくらい「声」には、イイ男にする力があるのです。

人の印象というのはどこで決まると思いますか？　「見た目」がすべてという人もいるでしょう。「立ち居振る舞い」や「身だしなみ」でその人を判断する人もいます。

では、「声」はどうでしょうか？　実は、相手

トレーニングによって声や体つきが変わると自信がつく。社交性が上がる兆候が見られる。

に説得力を与える上で、「声」も重要なのです。

たとえば、テレビのアナウンサーはニュースを読むとき、滑舌《かつぜつ》を良くして内容を正しく伝えようとします。ただし、同じアナウンサーでも、ドキュメンタリー番組では感情を伝えることに重点を置く人もいます。野球のスタンドでビールを売っている売り子さんも同じです。遠くまで聞こえるようにわざとキンキンするような声で「ビール、いかがですか〜」と言っています。魚屋のおじさんも一緒。あのダミ声を聞くと、「今日はお魚にしようかな」なんていう気持ちになりますよね。中には、女性にモテる声というのもあります。いわゆる〝ベルベットボイス〟です。息が包みこまれた低い声が、女性を魅了します。言い換えるなら、声の包容力です。

マッスルボイトレはジャンルに特化したものではなく、あらゆる声のベースだと思ってください。つまり、ベースを作っておいて、そこからアナウンサーの声にしたいならアナウンサーの声でもいい。魚屋の声なら魚屋の声でもオーケー。すべてのベースはマッスルボイトレにあり、その先に、目的に合った声の出し方があるのです。

声をあつかう職業でも、それによって求められる声はさまざま。マッスルボイトレはあらゆる発声の基礎を作る。

声のベースとなる3つの息の出し方

トレーニングに使う息の出し方は、大きく分けて、「ブレス」「ファルセット」「ダイナミックボイス」の3つです。どれも本書のトレーニングのベースとなり、あらゆる声のもとになるものです。

3つの息の出し方はまとめて覚えて、まんべんなく使いこなせるようにしておくのがポイントです。

特に声帯を大きく動かすダイナミックボイスは無理して大声を出さないように気を付けてください。男性の場合は声帯の柔軟性をあげるファルセットを多く練習しましょう。

これら3つを続けることで、声帯の運動能力を高めることができます。プレゼンテーションに必要な説得力のある声が出せるようにもなるでしょう。もちろん歌も上達します。クラシックからジャズやシャンソンまで、息をコントロールして多種多様な声を出せるようになります。

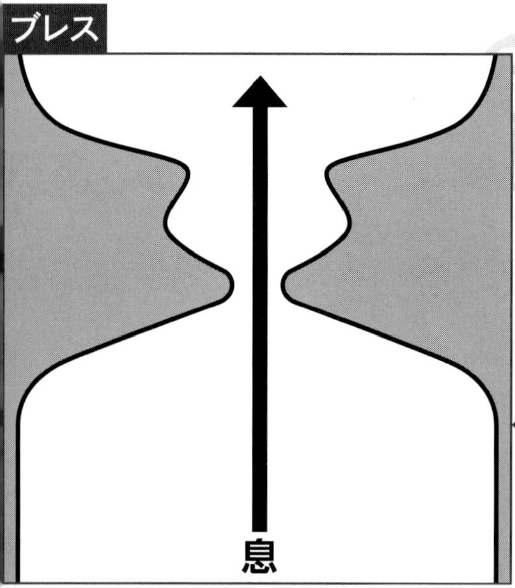

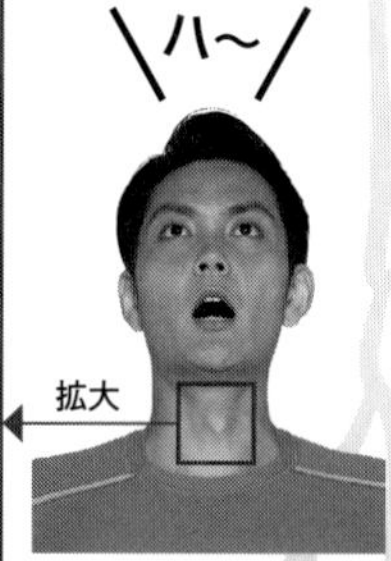

声帯を開いて息を通す、もっとも基本的な呼吸法。声は出さない。骨盤底筋の力で横隔膜を押し上げ、その力を利用して肺から空気を上げていく。声帯は使わず、そのまま息を出すのがポイント。

見本はこちら

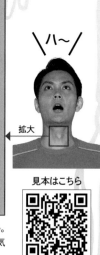

ファルセット

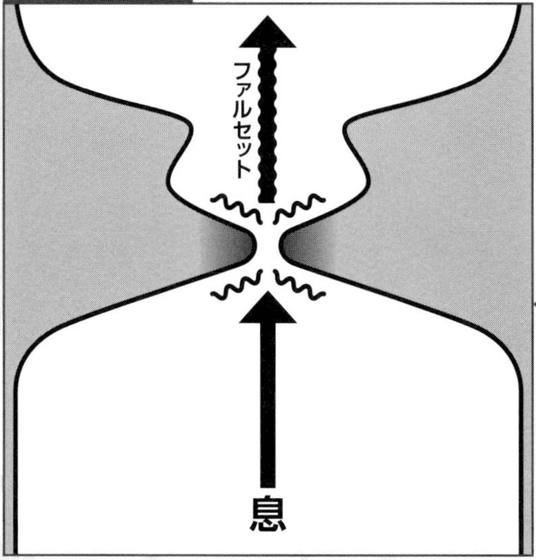

いわゆる「ひっくり返った声」で、声帯の粘膜だけが震えた状態。歌声のベースになる「息もれの小さな裏声」。高い音を出すことで、輪状甲状筋が声帯をストレッチする効果もある。

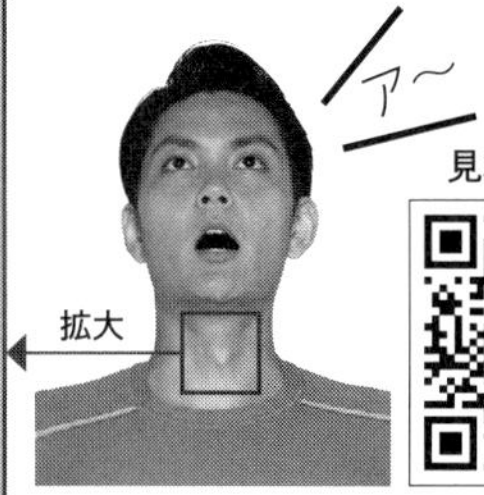

見本はこちら

ダイナミックボイス

声帯を大きく動かして声にする発声法。イメージは、力を抜いた状態で行う声帯の〝素振り〟。つまり、フォームづくり。息の吐き方はブレスと同じ。声帯の力を抜き、空気の力を100パーセント使って声にする。

見本はこちら

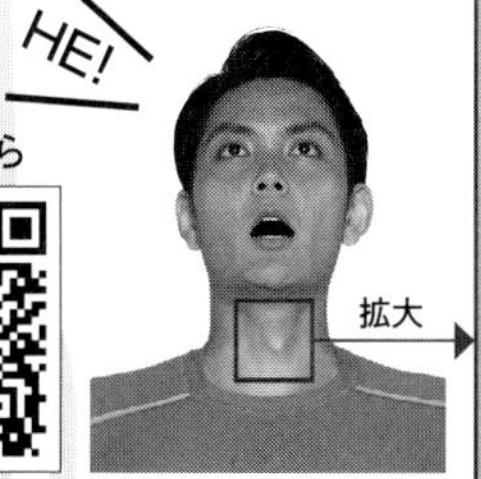

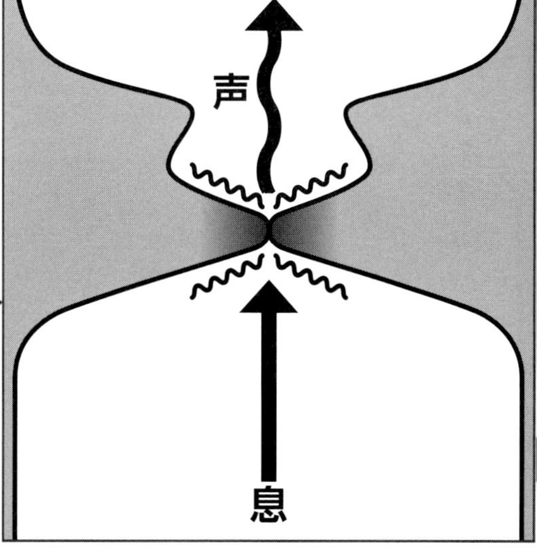

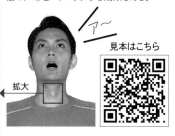

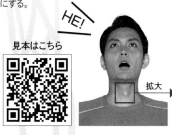

Column1

体験者のコメント

マッスルボイトレのメソッドのもととなるスポーツボイスを
体験した方々のコメントの一部を紹介します。

脚力がついた。
（30代公務員）

高音低音共に
音域が広がった。
（30代ミュージカル俳優）

これをやらないと気持ち悪い！
（40代主婦）

「腹から声を出す」の意味がわかった。
（20代アナウンサー）

「台詞が聞き取りやすくなった」と言われた。
（20代タレント）

頭痛、肩コリが完治。
（30代公務員）

ウエストが細くなった。
（30代会社員）

体形を
意識するようになった。
（40代弁護士）

滑舌が良くなった。
（20代販売員）

Chapter 2

5分で実感毎日エクササイズ

マッスルボイトレの初級編として、毎日続けられる簡単なエクササイズを紹介します。
簡単とはいえマッスルボイトレの大事な基礎となります。

1~2を
4回

ドッグブレス

口を開けたまま「ハッハッ」と犬のように呼吸をして、横隔膜の可動域を広げます。自律神経を整え、体の活動状態と休息状態の切り替えを促す効果もあります。

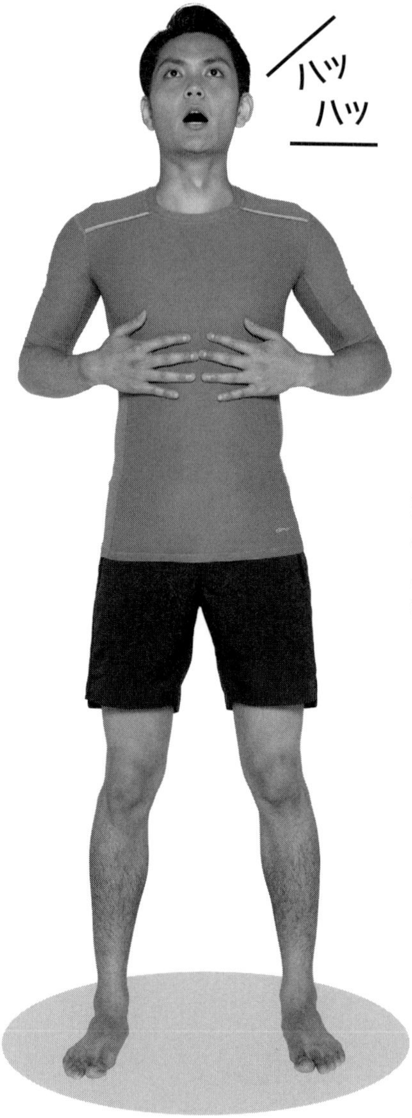

1

顔を少し上げ、胃袋のあたりに手を当てて息を吐く。ビートに合わせて8回。

ココに効く!
横隔膜
横隔膜が大きく動かせるようになり、息の通り道が広がります。呼吸の空気の量が増えます。

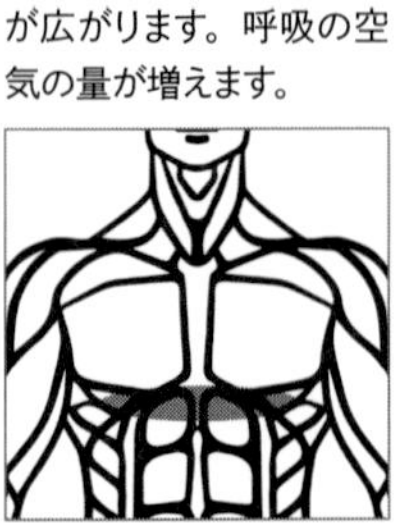

HARD

前かがみでやってみる

体勢だけ前かがみに変えて同じように呼吸を繰り返す。さらにお腹を左右にねじる。

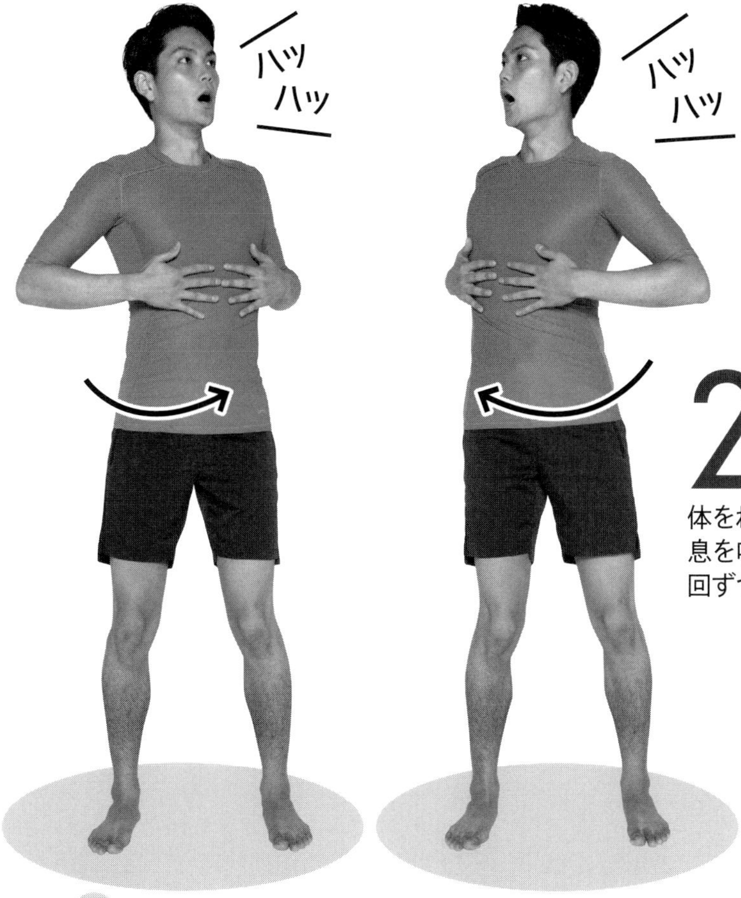

2

体をねじった状態で息を吐く。左右で4回ずつ。

POINT

脱力する

息が続かないとしたら、体の力が抜けていないということです。体幹に無駄な力を入れなければ、自然に空気が入ってきます。

B F D

1~2を

8 回

5分で実感毎日エクササイズ／DAY2

ZEROベリープレス

両手で天井を押すように伸び上がり、内臓を正しい位置である「ZERO ポイント」に戻して呼吸します。腹式呼吸の習得に役立ち、内臓脂肪を減らします。

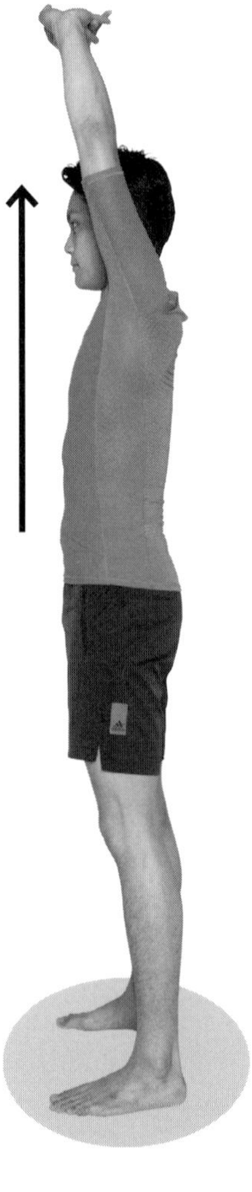

1

手のひらを天井に向けて腕を伸ばし、内臓を正しい位置にする。マッスルボイトレでは、この位置のことを「ZERO ポイント」と呼ぶ。

ココに効く!

腹横筋、内外腹斜筋

内臓を支える腹横筋、内外腹斜筋が鍛えられ、ポッコリお腹が改善されます。

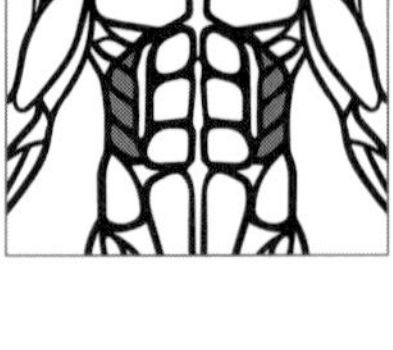

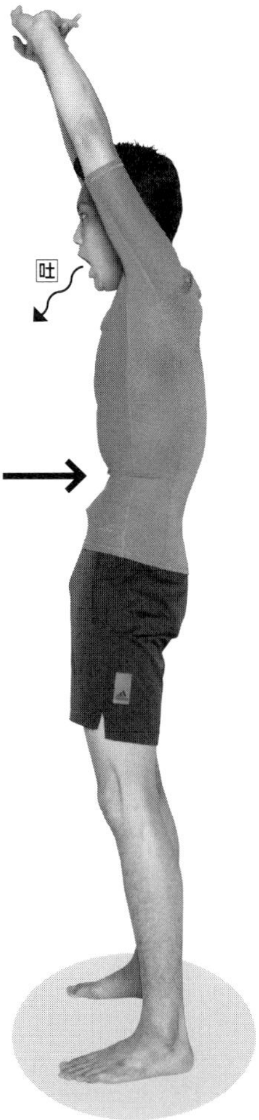

2

そのままの姿勢で、
口から息を吐き切る。

POINT

内臓を ZERO ポイントに戻す

内臓を支えている筋肉がゆるむと、内臓の位置が下がって前に出てしまいます。上に向かって伸び上がると、内臓が本来の位置に戻ります。

B F D

1~2を
8回

5分で実感毎日エクササイズ／DAY3

ブレスエックス

内臓を支えている骨盤底筋を鍛えます。骨盤底筋のある下腹部は、古くから力の源とされ、「丹田《たんでん》」とも呼ばれています。尿道括約筋《にょうどうかんやくきん》も鍛えられ、尿もれを防ぐ効果があります。

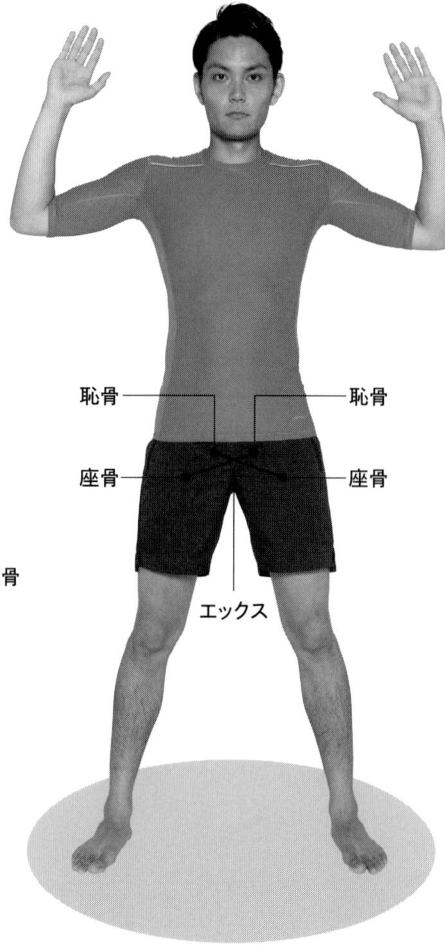

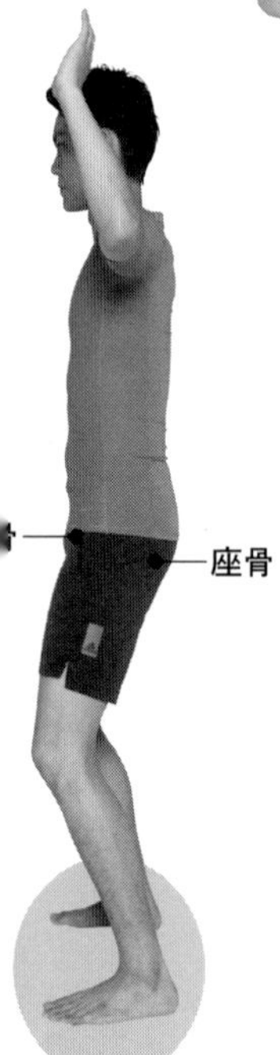

1

手を軽く横に広げて構える。体を真上から見て、座骨ふたつと恥骨ふたつを対角線で結んだX（エックス）をイメージ。

上から見た下腹部

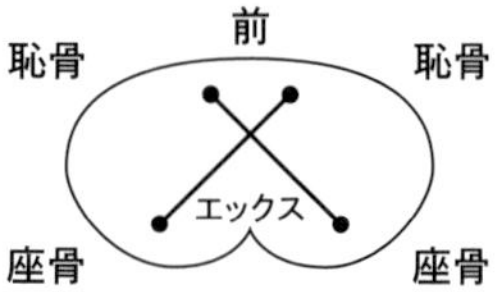

ココに効く！
骨盤底筋、尿道括約筋
骨盤底筋の強化は男性機能強化と前立腺肥大防止に効き、尿道括約筋の強化は尿もれ予防になります。

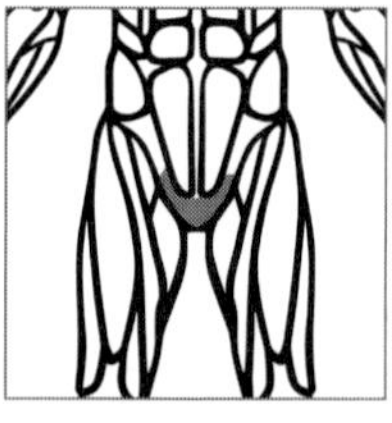

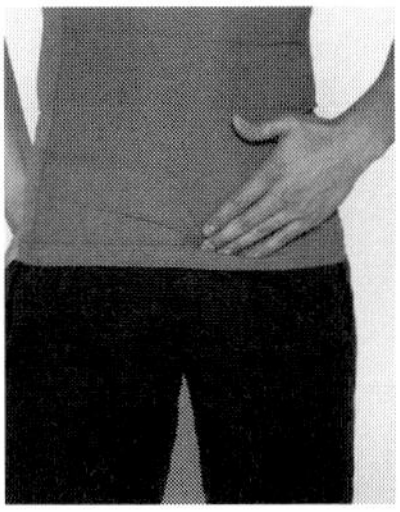

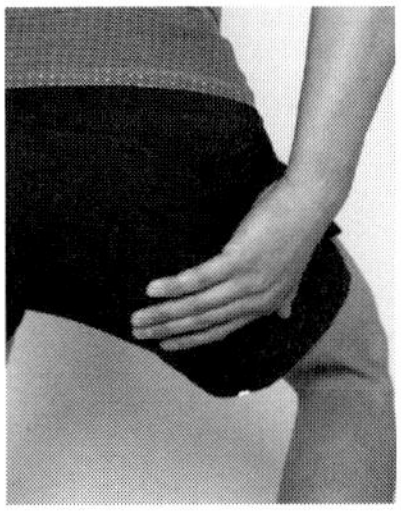

EASY

服の上から骨を触る

座骨と恥骨の出っ張りを触り、その位置を確認しながら行います。

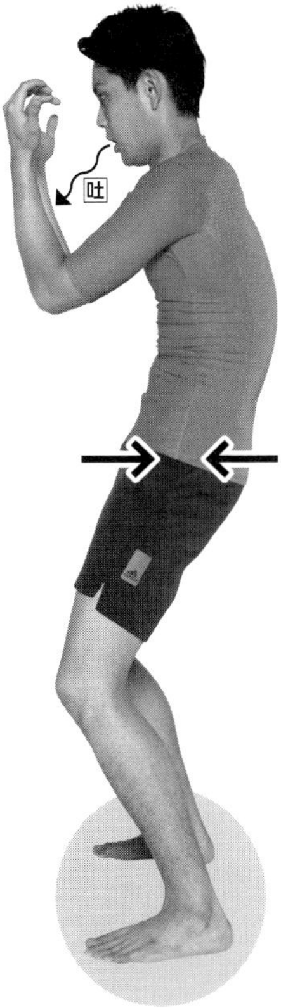

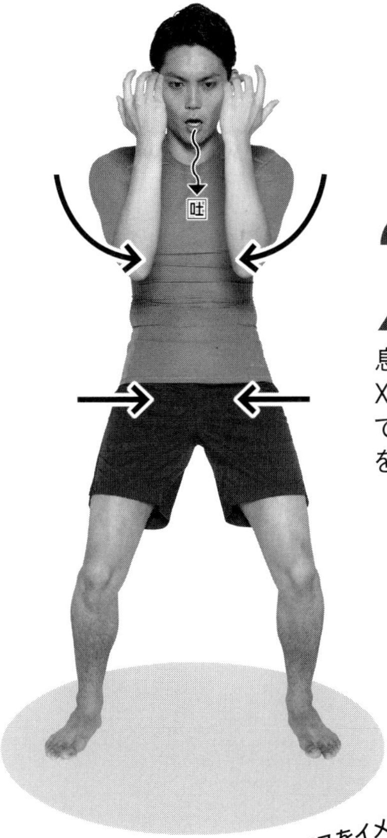

2

息を大きく吸ったらXの交差点に向かって体を絞り込み、息を吐き切る。

POINT

お尻には力を入れない

お尻の穴を締める肛門括約筋《こうもんかつやくきん》、膨らみにある大殿筋《だいたいきん》には力を入れないようにします。

B F D

1~2を
8回

5分で実感毎日エクササイズ／DAY4

オルビックコントロール

日本語は、「もっとも顔を動かさないで発音する言語」と言われています。そのため、日本人の顔はどうしてもむくみがち。発声であごや唇の筋肉を鍛え、表情を豊かにします。

1

上唇をめくって「ウ」の発声をしながら手を前に出す。

ココに効く!
口輪筋《こうりんきん》、咀嚼筋《そしゃくきん》
口輪筋が引き締まり、ほうれい線や顔のたるみの予防になります。また、噛む力も上がります。

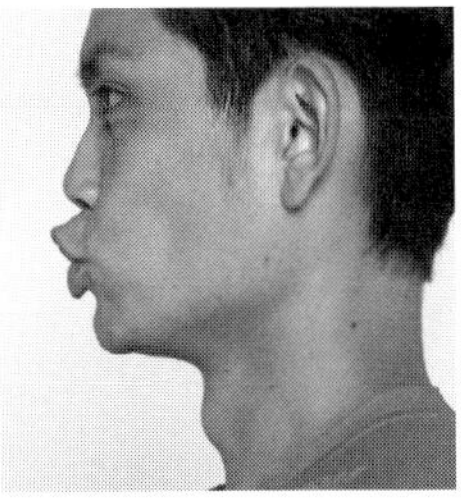

EASY

**顔だけで
やってもオーケー**

大きな動きができないときは、手の動きをつけず顔だけでもオーケー。

2

頬を後ろに持っていき「イ」の発声をしながら腕を後ろに引く。

POINT

ほうれい線を予防する

噛むときの筋肉がつき、高齢者に起きやすい誤嚥を防ぎます。また、ほうれい線（頬のシワ）の予防につながります。

1~2を
2回

5分で実感毎日エクササイズ／DAY5

リップ&タングロール

息で唇を震わせる「リップロール」と、舌を震わせる「タングロール」は、唇と舌の筋肉が柔らかくなるエクササイズです。どちらも自由に使えるようになれば、発声が変わります。

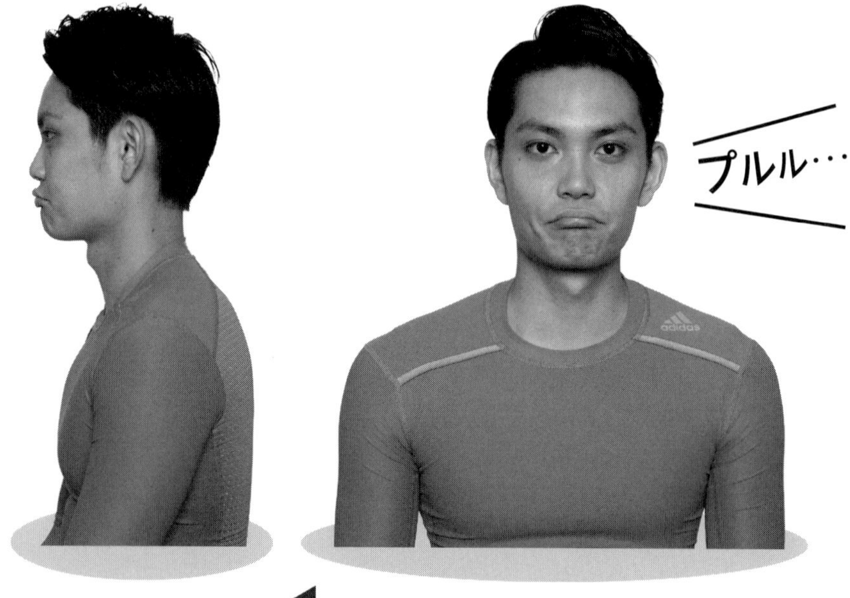

1 吐く息の勢いで閉じた唇を震わせる。ビート8カウント分（約4秒）続ける。

ココに効く!
舌筋、口輪筋
主に鍛えられるのは舌の筋肉。また、舌の柔軟性が高まり、飲み下す力がアップします。

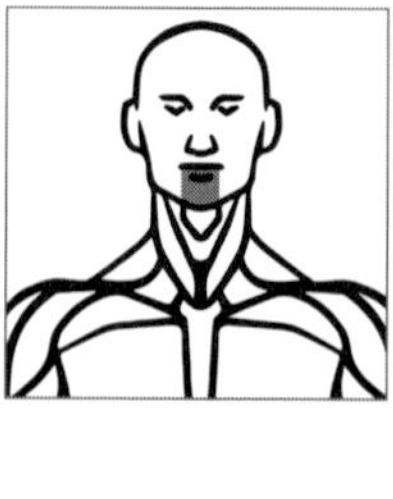

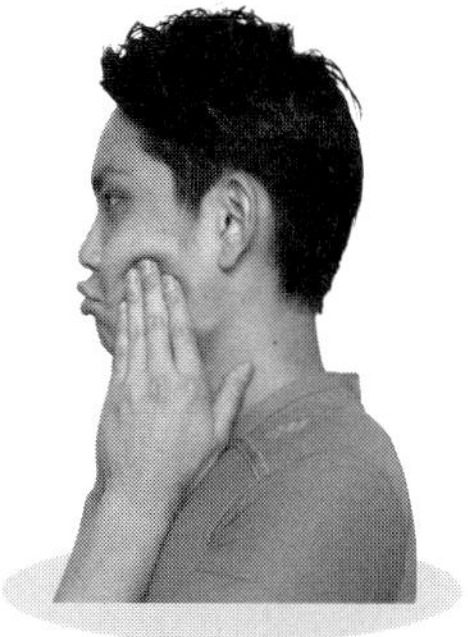

EASY

表情筋の動きを確認する

頬に手を当ててリップロールをすると、表情筋の動きがよくわかります。

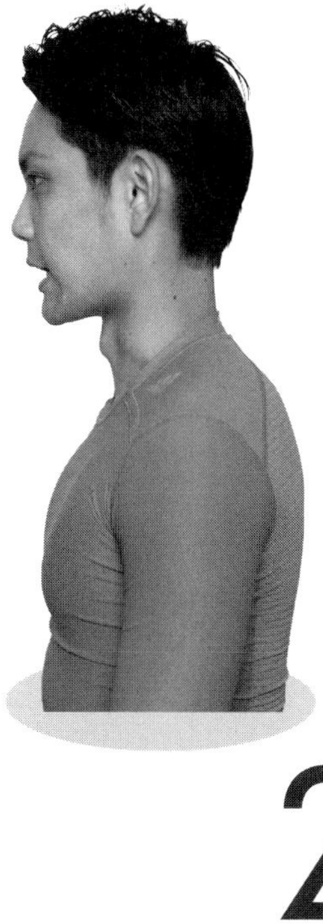

ルルル…

2 同様に上あごにつけた舌先を震わせる（巻き舌）。ビート8カウント分（約4秒）続ける。

POINT

毎日の習慣で表情を豊かに

唇を震わせた状態で歌が歌えるようになれば、表情筋が柔らかくなった証拠。時間を見つけて毎日やり続けましょう。

B F D

各1~2を
8回

5分で実感毎日エクササイズ／DAY6

ボーカルストレッチ

声帯を引っ張る輪状甲状筋を鍛えるエクササイズ 2 種です。舌で下唇を触ったときの、小さくもれる息を使って、裏声を出すのがポイント。音程を上げげたり下げたりします。

裏声の高さの変化

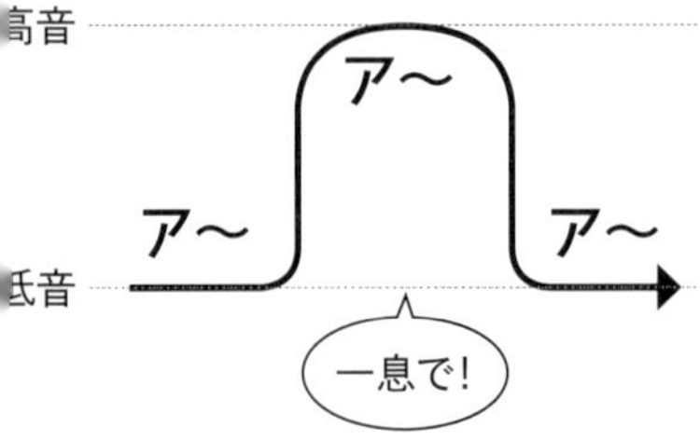

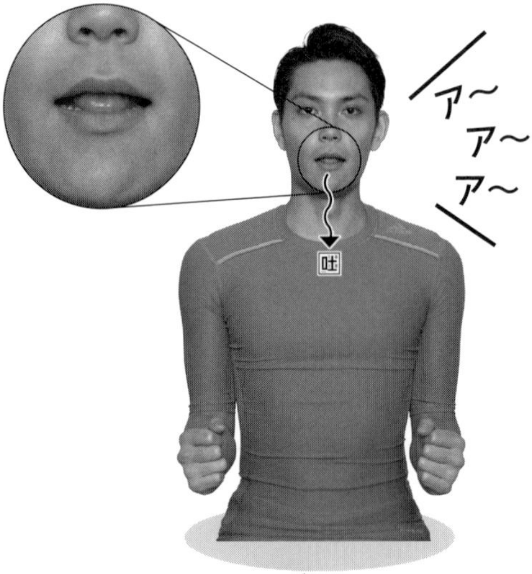

1

脇を締めながら低い声、高い声、低い声の順に裏声を一息で3回出す。1カウントおいて2へ。

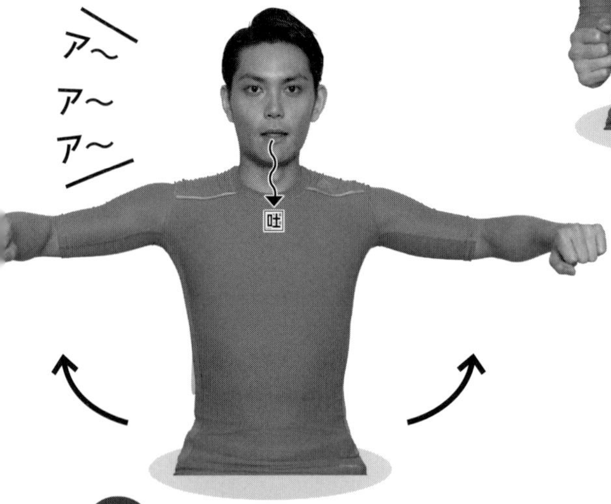

2

脇を開いた状態で同様に裏声を出す。1カウントおいて 1 に戻る。

ココに効く!
輪状甲状筋
声帯を引っ張る輪状甲状筋の柔軟性を高めることで、高音が出しやすくなります。

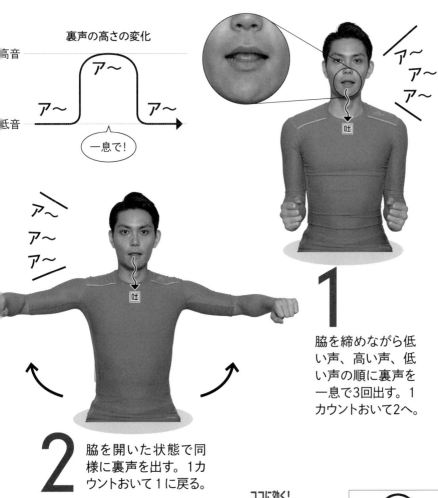

EASY

上半身だけでクロール

背骨がらせん状に動いていることを意識しながら、上半身だけクロールをします。

1

両手を前に出した状態で同様に裏声を出す。1カウントおいて2へ。

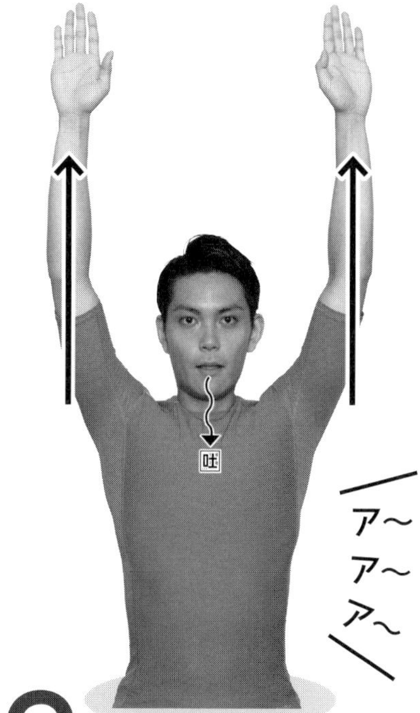

2

両手を上げた状態で同様に裏声を出す。1カウントおいて1に戻る。

POINT

ひたすら音量を小さくする

ポイントは「息がもれている」「小さい」「裏声」の3つ。ひたすら音量を小さくして裏声を出すだけで、声帯は柔らかくなります。

B F D

1~2を
8回

5分で実感毎日エクササイズ／DAY7

リバースボイス

息を吸いながら発声して、声帯のストレッチをします。はじめは発声の短さや音程を気にする必要はありません。慣れてきたら、発声を長めにし、だんだんと音程をつけます。

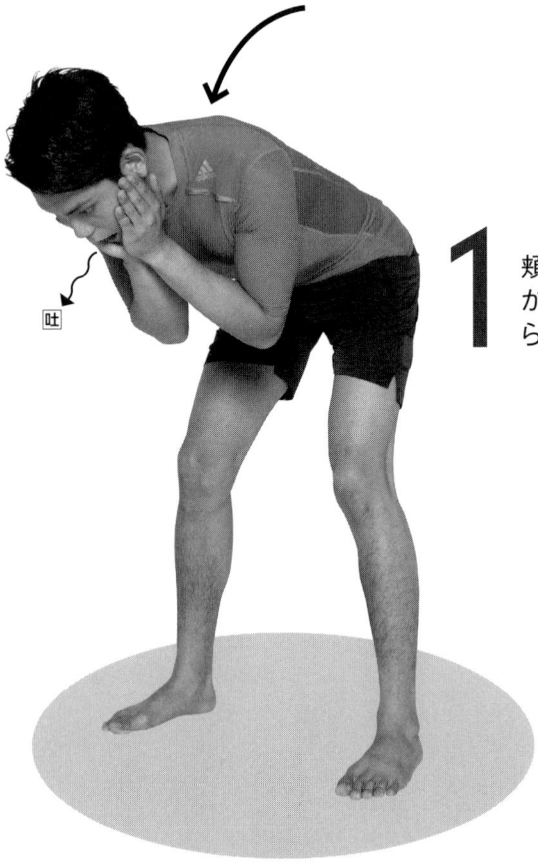

1 頬に手を当て、口から息を吐きながら前かがみになる。

ココに効く!
声帯、呼吸器系
声帯が柔らかくなり、声に艶のある響きを得られるようになります。呼吸器系も強化されます。

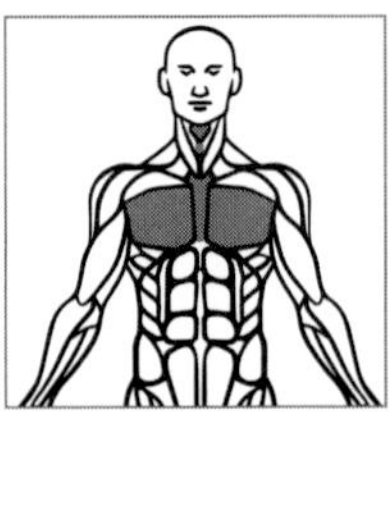

POINT

呼吸器系を鍛える

息を吸いながら発声するので呼吸器系が鍛えられます。最終的にメロディを歌えるようになればベストです。

EASY

遊び感覚でやってみる

できないときは子ども心を思い出し、遊び感覚でやってみましょう。

2 上体を起こしつつ、息を吸いながら声を出す。普段声を出そうとするときの口と喉のまま行う。

olumn2

トレーニングを助ける食材

発声、呼吸や横隔膜の調子を整えたり、
筋肉をつけたりするために良い食材と、良くない食材を紹介します。

Good

常温のミネラルウォーター

体に浸透しやすく、口の中が乾きにくい。硬水よりも軟水のほうが浸透しやすい。

しょうが

強い抗菌作用でのどを守る。血行促進作用で、新陳代謝が向上するため、アンチエイジングの効果もある。

ゆず

入浴剤に用いられるほどの保湿作用があり、声帯を含む粘膜を保護する。また、疲労回復効果もある。

鶏ささみ肉

上質なたんぱく質を多く含んでいるため、トレーニングによって切れた筋肉の繊維を修復する材料となる。

豚バラ肉

コラーゲンを多く含む。コラーゲンは体内でアミノ酸に分解され、あらゆる体組織の原料になる。

梨

整腸作用のあるソルビトール、代謝を促進するビタミンB群が含まれている。また、水分が多いため、体を潤す。

はちみつ

殺菌効果があり、呼吸器系を細菌から守る。保湿により粘膜を保護する。疲労回復効果、整腸効果もある。

NG

辛いもの・刺激物

のどに刺激を与え、炎症などがある場合には悪化させてしまう。体の水分を奪う。

大量の飲酒

少量なら問題ないが、大量の場合はアルコールの利尿作用で、体の水分が失われる。

Chapter 3

本格的に「燃やし！」「鍛え！」「強くなる！」15分サーキット

複数のトレーニングを絶え間なく続ける、「サーキット」トレーニングです。
負荷が大きい代わりに効果が高いため、声と肉体に磨きがかかります。

B F D

1~2を
8 回

「燃やし!」「鍛え!」「強くなる!」サーキット基本の発声法

ダイナミックボイス

声帯を大きく動かして、声を出すトレーニングです。骨盤底筋を絞る力を利用して横隔膜を押し上げ、肺から空気を吐き切り、声帯を動かします。

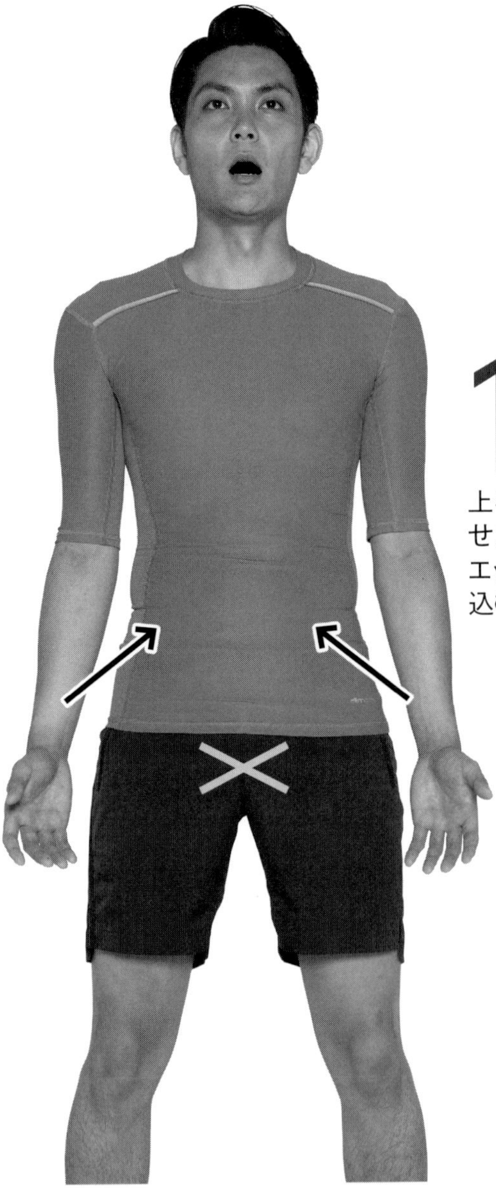

1

上半身はリラックスさせたまま骨盤底筋をエックスの方向に絞り込む。

ココに効く!
骨盤底筋

骨盤底筋を鍛えることで横隔膜の動きが大きくなり、肺に空気を送りやすくなります。

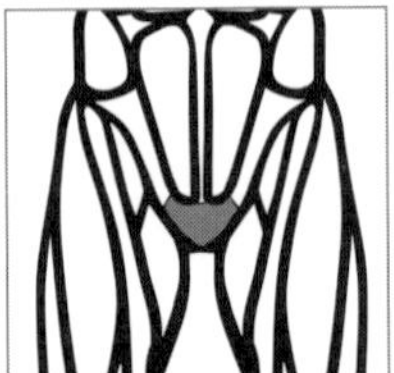

POINT

声帯の素振り

リラックスした状態で行うのがポイント。声帯を大きく震わせて声にします。声帯の“素振り”のイメージです。

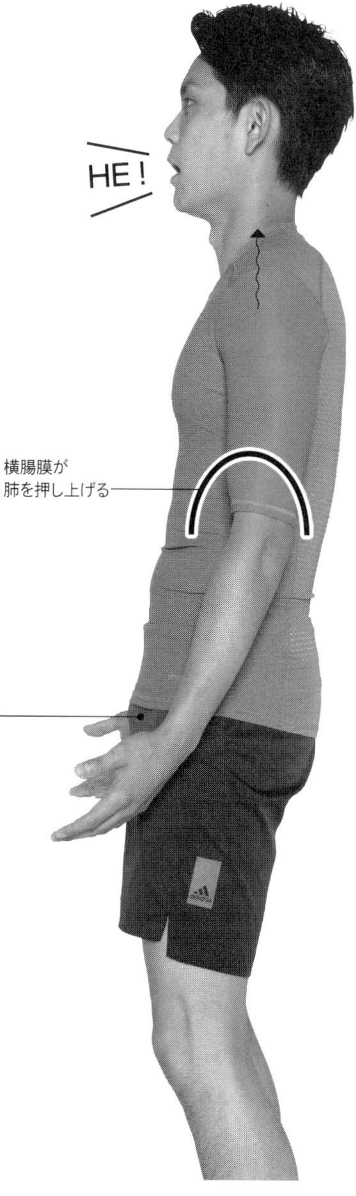

2

骨盤底筋の力で横隔膜を押し上げ、肺から空気を吐き切りながら「HE!」（へ）と発声する。無駄な力を抜いて特定の音を発音しないようにすると、自然に「エ（へ）」の音になる。

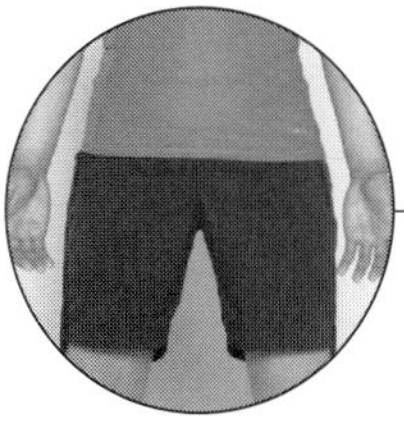

骨盤底筋は、尿を途中で止めるときに力を入れる場所にあります。

燃やす
Burning

サーキットトレーニング

レッグリフト	16回
Dツイスト	16回
レッグ&ツイスト	16回
レッグリフトエックス	16回
Dスクワット	16回

B F **D**

燃やす—Burning

レッグリフト

1~2を
16回

足を持ち上げたり、骨盤を安定させたりする腸腰筋（大腰筋）を鍛えます。内臓を圧縮するイメージで、太ももを上げます。内臓の逃げ場がなくなり、横隔膜が押し上げられます。

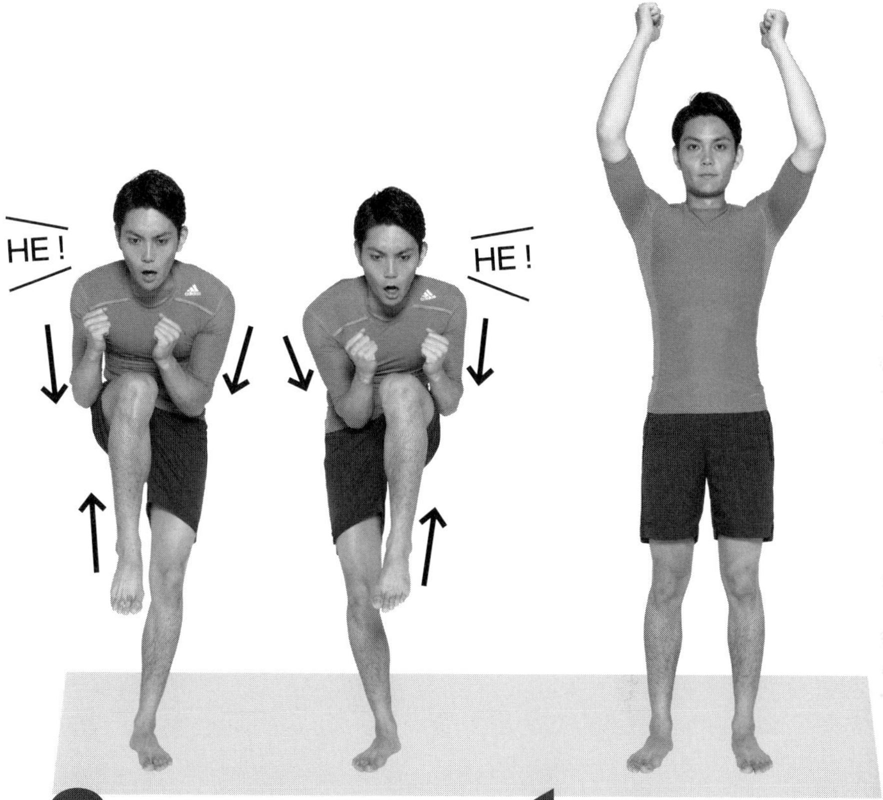

1 両手を上げて大きく振りかぶる。

2 片足を上げ、内臓を圧縮して声を出す。1に戻り、反対側も。左右交互に行う。

POINT

ひじを体に引き寄せる

足を上げる力を利用して、最後まで息を吐き切ります。ひじを体に引き寄せるとやりやすくなります。

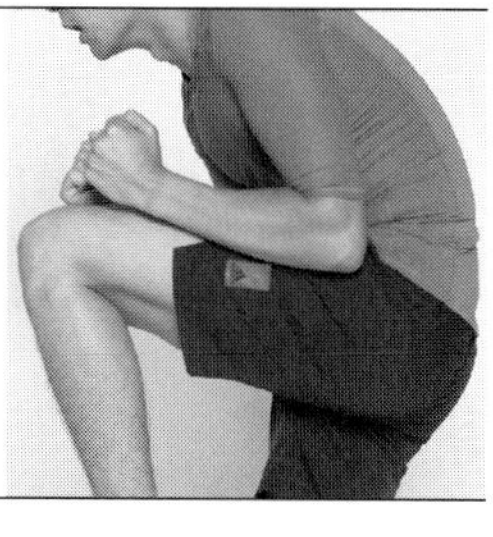

ココに効く！
腸腰筋

体幹と太ももをつなぐ腸腰筋を鍛えることで、姿勢が安定し、歩行が楽になります。

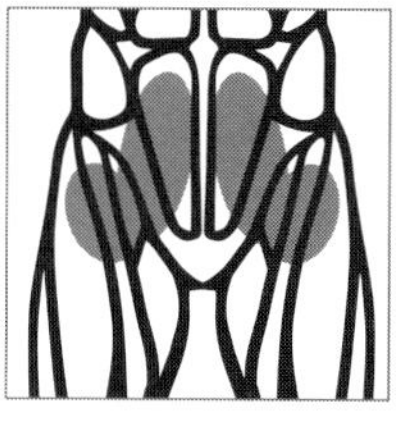

燃やす—Burning

1~2を
16回

Dツイスト

両手を前後に開き、タオルを絞るように体をひねります。内臓の行き場がなくなり、横隔膜、肺が下から押され、その反動で声を出します。内臓を囲む内外腹斜筋に効きます。

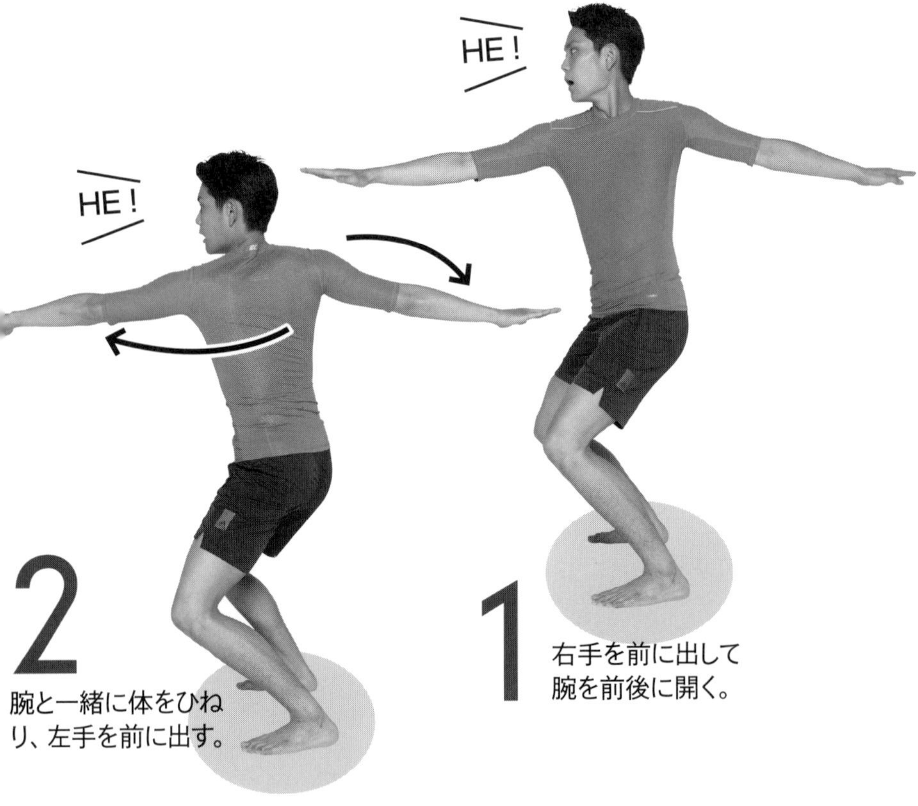

1
右手を前に出して
腕を前後に開く。

2
腕と一緒に体をひねり、左手を前に出す。

POINT

回転する範囲を広げる

できるだけ体をひねりましょう。体の柔軟性が高まってくると、回転の範囲もだんだん広がっていきます。

ココに効く！
腹斜筋

内臓を正常な位置に収める役割を果たす腹斜筋。良好な健康状態を維持する効果があります。

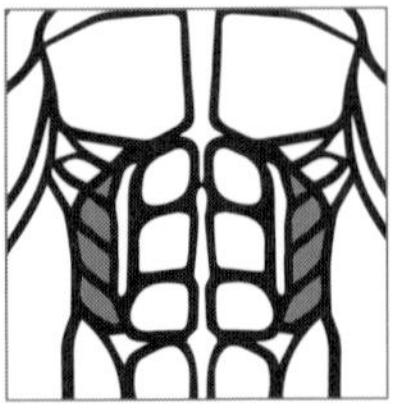

B F **D**

燃やす—Burning

2~3を
16回

レッグ&ツイスト

レッグリフトとツイストを合わせたエクササイズです。レッグリフトと同じように足をまっすぐ上げ、上半身をその足の方向にひねります。太ももで腹横筋を押すイメージです。

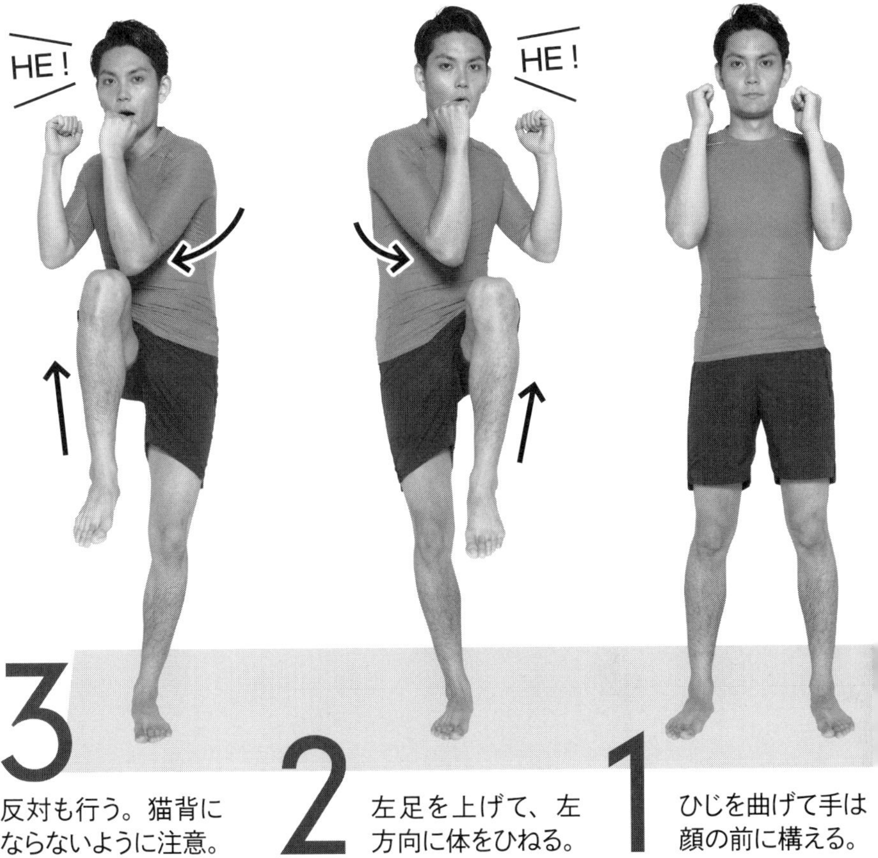

1 ひじを曲げて手は顔の前に構える。

2 左足を上げて、左方向に体をひねる。

3 反対も行う。猫背にならないように注意。

POINT

骨盤を正面に向ける

上半身をひねるときに、骨盤が一緒に回転しないように注意してください。骨盤は常に正面を向いています。

ココに効く!

大腿筋、腸腰筋、腹斜筋

レッグリフトとDツイストで鍛えられる筋肉を同時に鍛え、全身の代謝も向上させます。

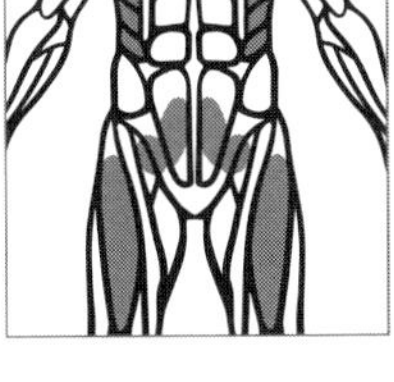

B F D

2~3を
16回

燃やす―Burning

レッグリフトエックス

動きはレッグ&ツイストに近いですが、足を斜めに上げるのがポイントです。これによって、お腹の横にある腹斜筋を鍛えます。レッグ&ツイストよりも激しい運動です。

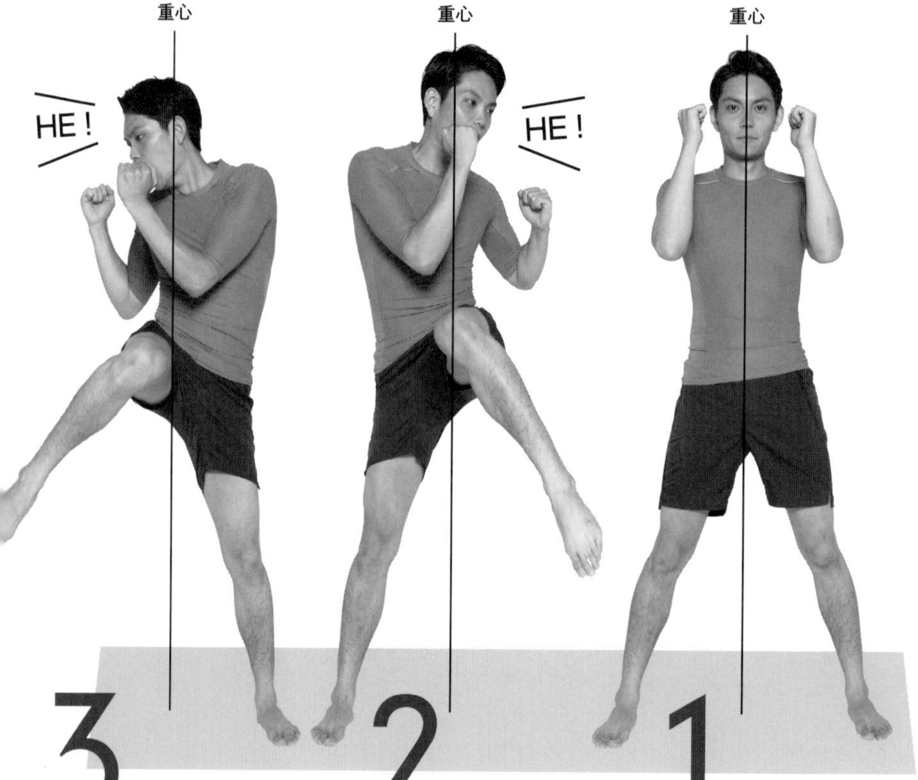

1
両足を肩幅より広げ、ひじを曲げて手を顔の前に構える。

2
左足を斜めに上げて、左に体をひねり、息を吐ききって声を出す。

3
体の中心に重心を置き、体が倒れないうちに左右を素早く入れ替える。

POINT

重心を体の中心に置く

重心は軸足ではなく、体の中心に置きます。これにより、膀胱や腸などの内臓を支える骨盤底筋に刺激が加わります。

ココに効く!
腹斜筋

内臓を正常な位置に収める役割を果たす腹斜筋。良好な健康状態を維持する効果があります。

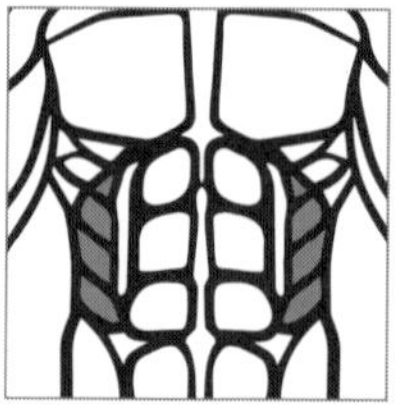

B F **D**

1~2を
16回

燃やす―Burning

Dスクワット

ひざがつま先よりも前に出ないようにスクワットします。お尻を後ろに出して両手でバランスを取ります。股関節を最後まで曲げ、太ももでお腹の内臓を押さえます。

1

両足を肩幅に開き、
まっすぐ立つ。

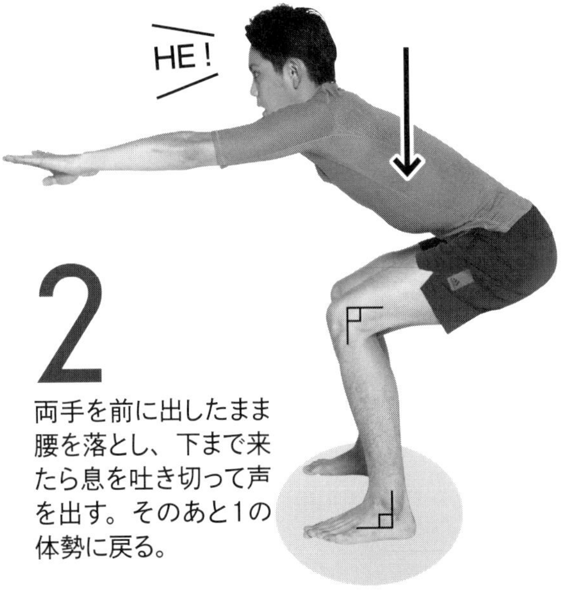

2

両手を前に出したまま
腰を落とし、下まで来
たら息を吐き切って声
を出す。そのあと1の
体勢に戻る。

NG ひざが前に出る

ひざが前に出てしまう
ときは、お尻を下げた
まま、足首、ひざを
90度に曲げ、両手を
前に伸ばしてバランス
を取ります。

ココに効く!
大臀筋

お尻の表層部にある
大臀筋を鍛え、ダッ
シュやジャンプに必
要な股関節の動きを
サポートします。

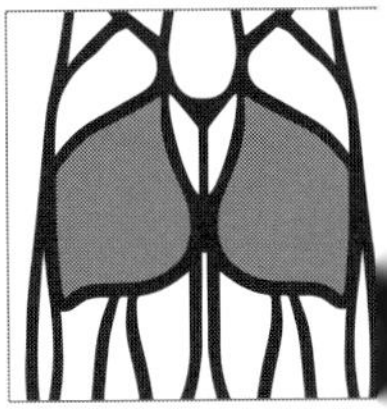

鍛える
Exercise

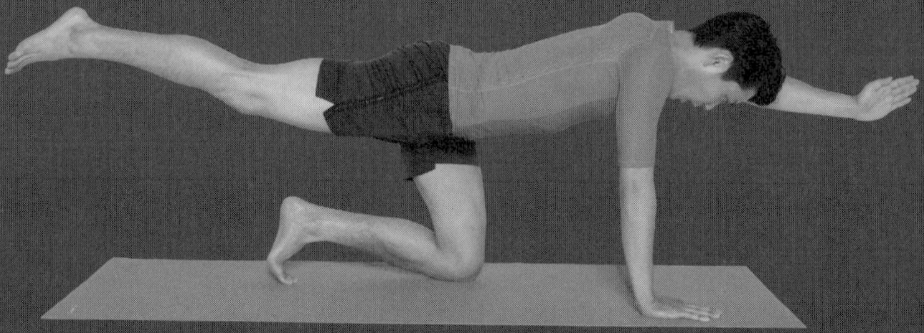

サーキットトレーニング

キャット	16回
ウルフ	16回
レッグウルフ	16回
バランス	1回
プランク	1回

B F D

鍛える—Exercise

1~2を
16回

キャット

四つんばいから、猫のように背中を丸めるエクササイズです。体幹を鍛えられます。声を出すときにお腹を絞り、息を出し切ります。

POINT

おへその裏で天井を押し上げる

内臓を絞り切るために、おへその裏側で天井を押すイメージで背中を丸めます。

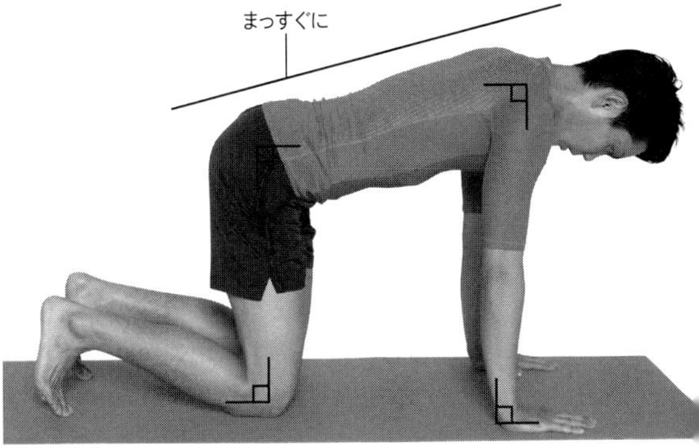

1 四つんばいになり背筋を伸ばす。ひざ、股関節、肩の角度は 90 度にする。

2 おへそで天井を押すイメージで背中を丸めて息を吐き切って発声。

NG **顔が上がる**

顔が上がっていると首に余計な力が入ってしまうため、自然に下げます。

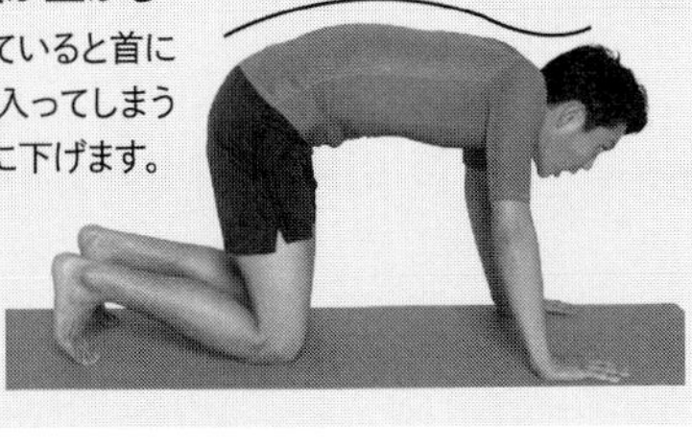

ココに効く！

体幹

体幹を強くすると、姿勢の改善や腰痛の予防につながります。ダイエットにも効果的。

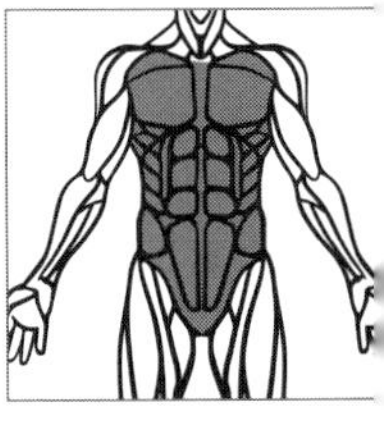

鍛える—Exercise

ウルフ

1~2を
16回

キャットの反対に、背中を反らせます。背中が反った状態でも、お腹をちゃんと引っ込められるようにするのが、エクササイズの目的です。体幹を意識しながら取り組みます。

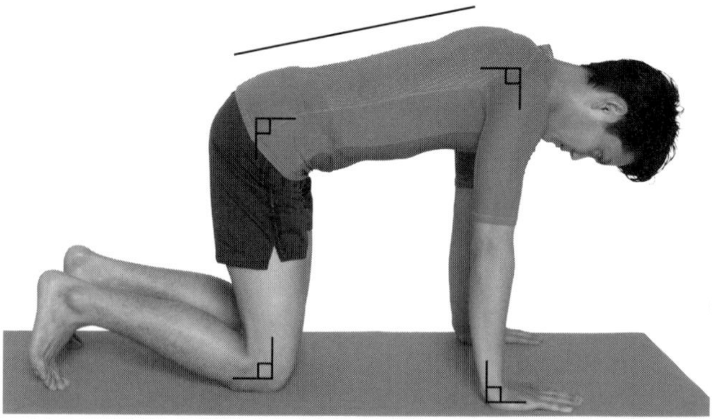

1
四つんばいになり
背筋を伸ばす。

2
頭を下げたまま背中を反らして息を吐き切って発声する。

NG 顔が上がる

背中を反ったときに顔が上がらないように注意。頭を下げた状態でも、体を反れるようにすることが重要です。

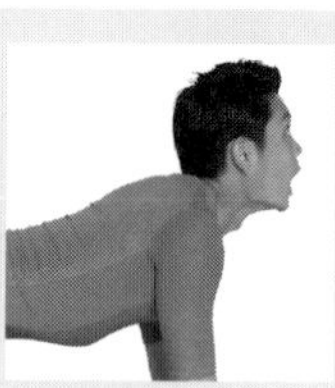

ココに効く!
体幹
内臓を正しい位置に戻すメリットがあり、便秘や消化不良を改善する効果があります。

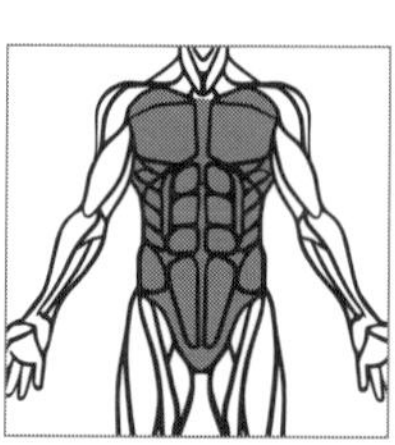

B F **D**

1~2を **16**回

鍛える—Exercise

レッグウルフ

手をついて四つんばいになり、足を斜め後ろに蹴り上げます。横隔膜が下がったこの姿勢から、足を内側に引き込み、お腹を絞って息を出し切ります。

1

四つんばいになり、片足を後ろに蹴り上げる。

2

足を引き込む力を利用してお腹を絞りながら発声する。左右 8 回ずつ。

ココに効く!

大腰筋

大腰筋は上半身と下半身を結ぶ股関節あたりの筋肉。体の歪みを直し、猫背を改善します。

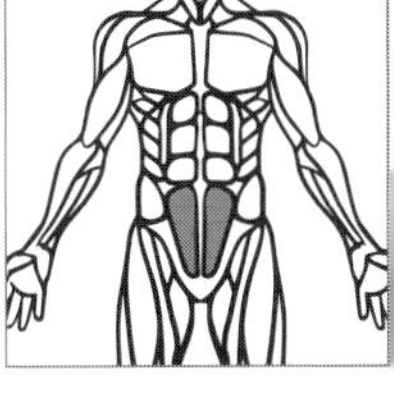

POINT

足をしっかり引き込む

足を高く上げてそこから引き込むと、大腰筋に効きます。難度の高い運動なので、できるところからスタートしましょう。

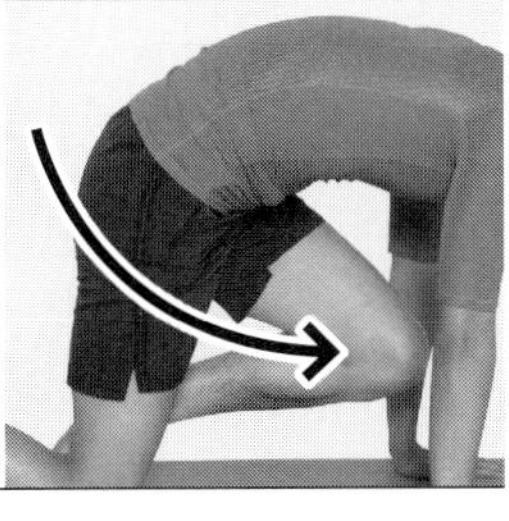

1回

鍛える—Exercise

バランス

四つんばいの姿勢から、手足を互い違いにまっすぐ伸ばします。その状態から、お腹を絞って声を出してください。骨盤底筋に限らず、体幹全体に刺激が加わります。

1 手足を互い違いに伸ばし、下っ腹でバランスをとってキープしたままビートに合わせて発声する。8 カウント× 4 回。

2 反対の手足を同様に伸ばし、8 カウント× 4 回。

NG 手足が下がる

体幹への負荷がなくなり、効果が半減します。指先からつま先まで床と平行になるように伸ばし、体を支えます。

ココに効く！

体幹

キャット、ウルフと同様に体幹が鍛えられるため、ダイエット効果があります。

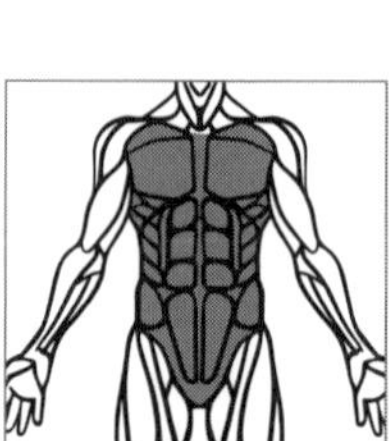

B F D

鍛える—Exercise

1回

プランク

はじめに両手を肩幅に開き、手のひらとひじで床を押さえます。ひじは 90 度。体をまっすぐ伸ばし、肩幅に開いた足はつま先立ち。その姿勢のまま骨盤底筋を絞ります。

1

ひじを床についてつま先立ち。体をまっすぐ伸ばしてキープしたまま、ビートに合わせて発声する。8 カウント× 8 回。

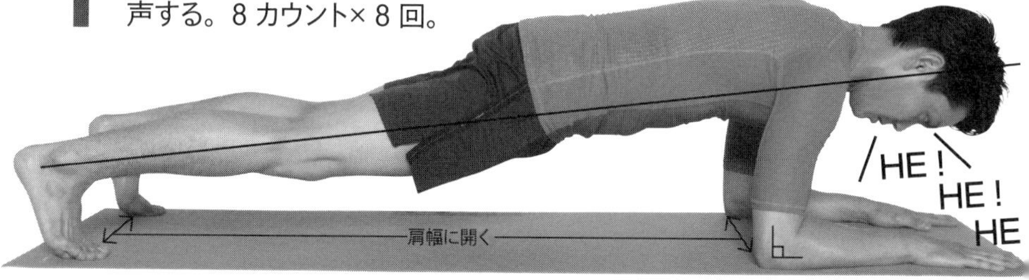

EASY

ひざを床につける

つま先立ちで体を伸ばせない人は、ひざを床につけてもオーケー。慣れてきたら、ひざを床から浮かせます。さらに慣れてきたら、声を出すリズムを速くして回数を増やします。

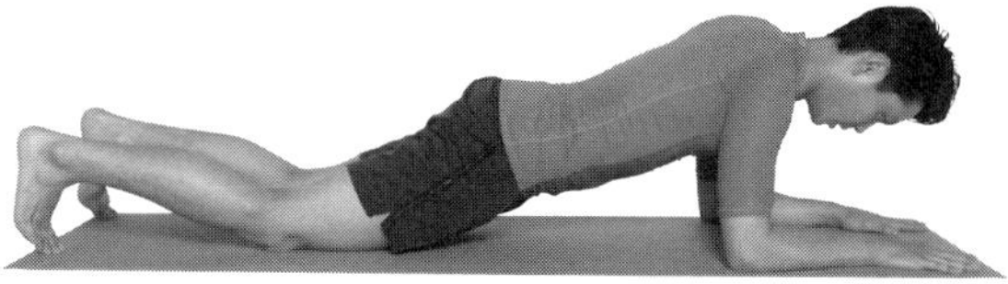

NG お尻が上がる

頭からかかとまでがまっすぐになっていないと、体幹への負荷がなくなります。

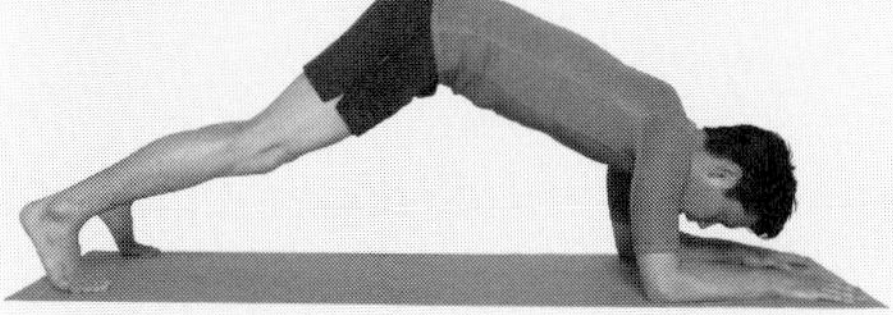

ココに効く！

体幹

バランスと同様に、ダイエット効果だけでなく、姿勢の改善や腰痛の予防にもつながります。

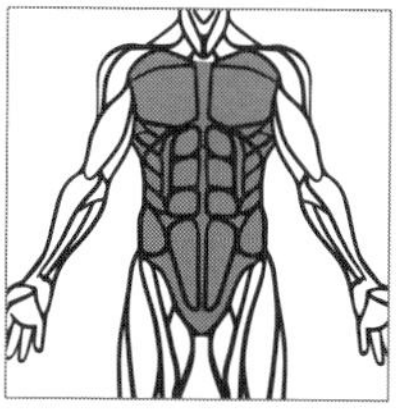

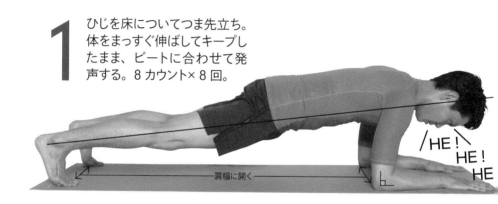

強くなる
Stronger

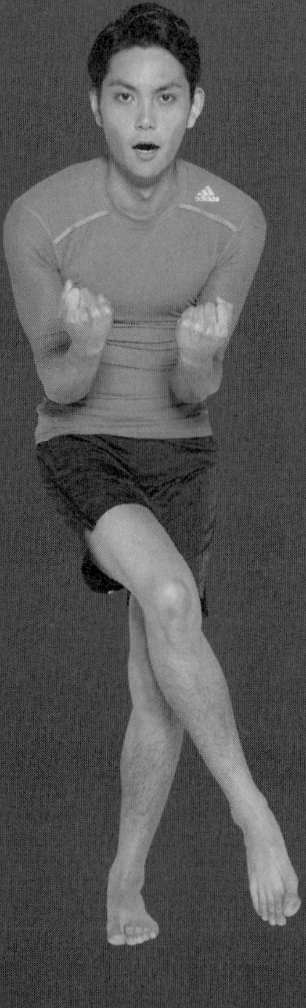

サーキットトレーニング

ペルヴィスA	1回
ペルヴィスB	1回
キックシーリング	32回
スイングスタンド	32回
ニーエックス	32回

B F **D**

強くなる—Stronger

1回

ペルヴィスA

仰向けになり、ひざを立てて骨盤を持ち上げます。体をまっすぐ伸ばし、骨盤を絞って声を出しましょう。慣れたら、声を出すリズムを速くし、回数を増やします。

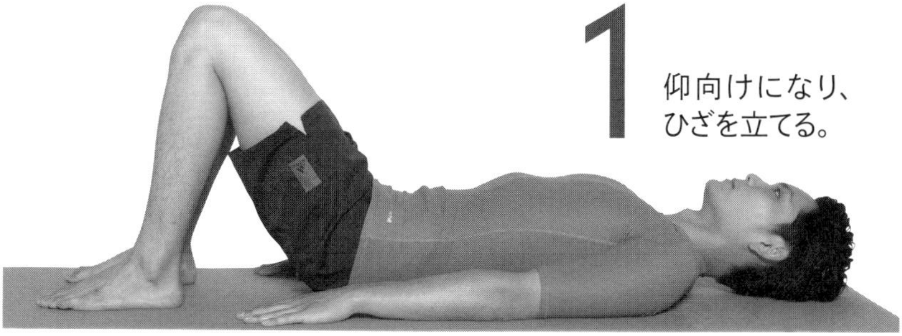

1

仰向けになり、ひざを立てる。

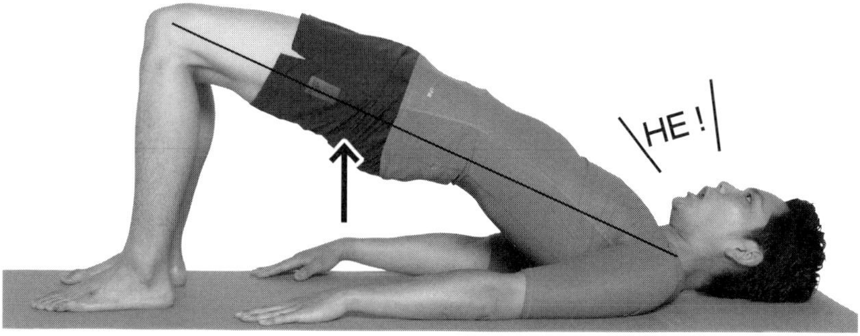

2

骨盤を上げて首の付け根からひざまでをまっすぐ伸ばしてキープしたまま、ビートに合わせて発声する。8 カウント× 8 回。

ココに効く！

ハムストリング

太ももの後ろ側にあるハムストリングが鍛えられ、歩きや走りがスムーズになります。

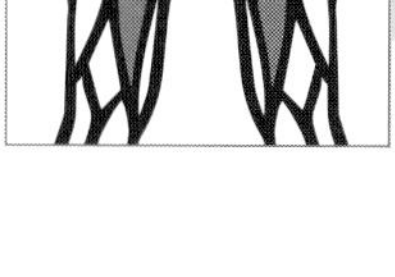

POINT

内臓の上下動を意識

骨盤を上げて体を伸ばすと、内臓が頭のほうへ上がるのが感じられます。さらに骨盤底筋を意識して発声します。

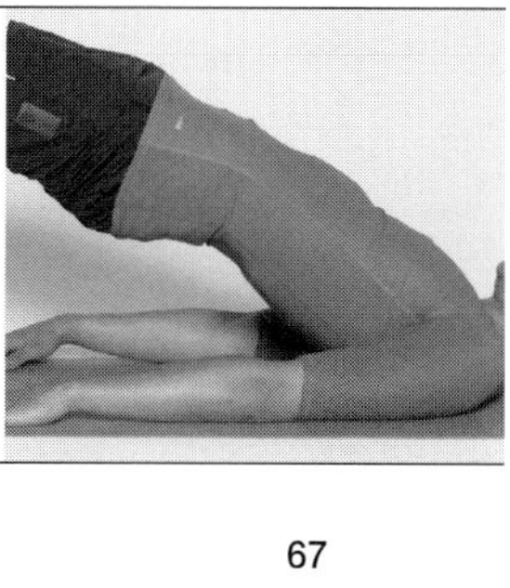

1回

強くなる—Stronger

ペルヴィスB

前のページで行ったペルヴィス A を、両足のひざを閉じた状態で行います。体幹に加え、お尻を覆う大臀筋に負荷がかかります。

1

仰向けになって両方のひざを閉じて立てる。

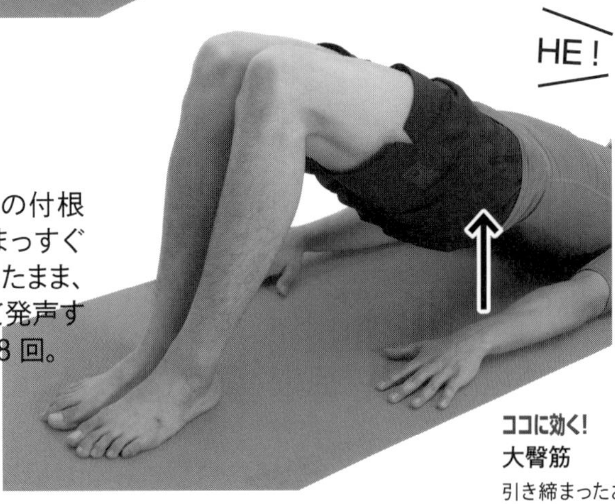

2

骨盤を上げて首の付根からひざまでをまっすぐ伸ばしてキープしたまま、ビートに合わせて発声する。8 カウント× 8 回。

ココに効く!

大臀筋

引き締まったお尻を手に入れられます。基礎代謝もアップし、ダイエット効果も高まります。

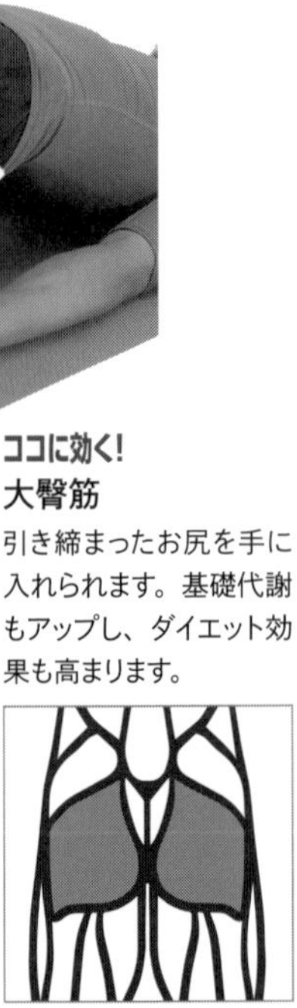

HARD

足をまっすぐ伸ばす

ひざを閉じたまま片足を伸ばし、その姿勢をキープしながら発声します。8 カウント× 4 回キープで左右を入れ替えます。

B F D

1~2を

32回

強くなる—Stronger

キックシーリング

四つんばいになり、太ももが床と平行になるように片足を上げ、声を出しながら足の裏で天井を蹴るイメージでグッと持ち上げます。

1

四つんばいになり、片方の太ももを床と平行になるまで上げる。ひざを 90 度に曲げる。

2

足の裏で天井をキックするイメージで足を持ち上げながら発声する。ビートに合わせ、左右 16 回ずつ。

NG 太ももが下がる

太ももが下がった状態から蹴り上げても効果はありません。太ももを床と平行にし、真上に向かって蹴り上げるようにします。

ココに効く！

大腰筋

ひざを上げる動作をサポートする大腰筋を強化します。歩行が楽になり、階段を上がるのもラクになるでしょう。

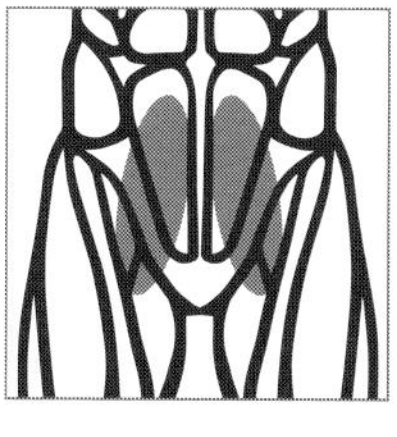

B F D

1~2を
32回

強くなる—Stronger

スイングスタンド

片足を横にスイングしてから体の近くに引き戻し、下腹部の筋肉を外から内へと絞り、骨盤底筋を意識しながら声を出します。倒れないようにして負荷をかけます。

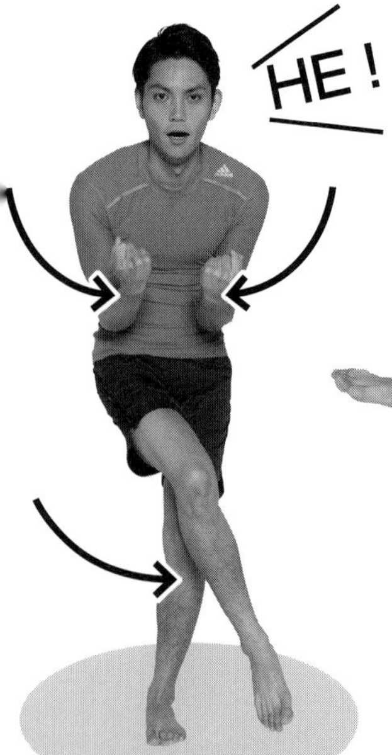

1

両手と片足を真横に大きく広げる。ビートに合わせ 2 カウント。

2

足を交差させる力を利用して下っ腹を絞り込み、発声する。ビートに合わせ 2 カウントで 1 に戻る。16 回で左右を入れ替える。

NG

上半身がグラグラしてしまう

スイングした反動でバランスを崩すとリズムがキープできません。足を交差させるときにグッと堪えます。

ココに効く!

骨盤底筋、内転筋

下半身の動作に関わる筋肉を養うことで、姿勢を安定させ、肉離れなどのケガを予防します。

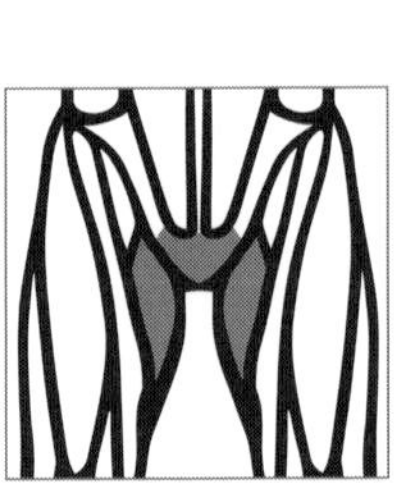

B F **D**

2を
32回

強くなる―Stronger

ニーエックス

骨盤底筋や大腰筋を鍛えるエクササイズです。足を伸ばして床に座り、後ろに置いた手で体を支えます。交互に足を引き上げて内臓を絞ります。

1

足を伸ばして座る。

2

ビートに合わせ、左右交互に足を引き上げながら発声する。片方で1回として数える。

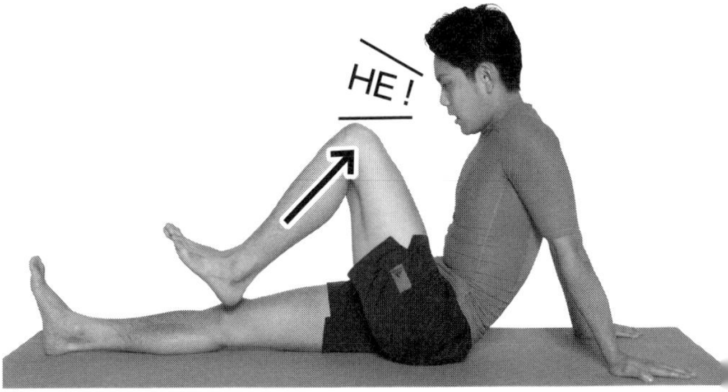

HARD

両足を浮かせて倍速に

慣れてきたら、引き上げるリズムを倍にします。伸ばした足を床につけずに引き上げます。

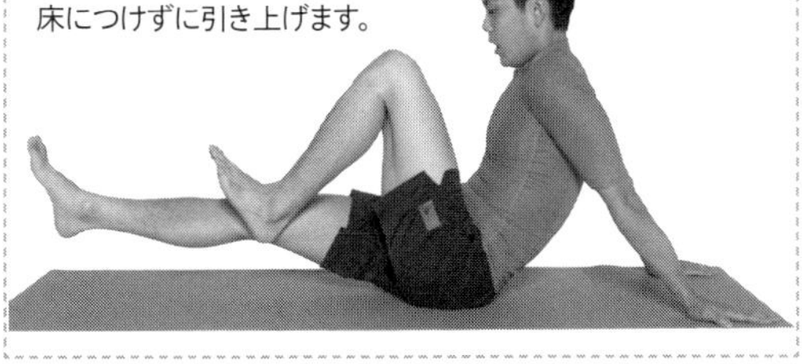

ココに効く!
大腰筋

内臓の働きが活発になり、便秘や冷え性の予防が期待できます。腰痛の改善にも効果的です。

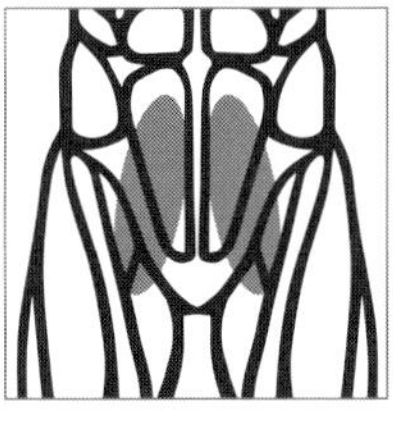

Column3

トレーニング週間管理シート

「マッスルボイトレは1日にしてならず」!
継続できているか週ごとにチェックできるシートです。コピーして使いましょう。

マッスルボイトレ　トレーニング週間管理シート

ページ	5分で実感毎日エクササイズ	Mon.	Tue.	Wed.	Thu.	Fri.	Sat.	Sun.
36	ドッグブレス							
38	ZERO ベリーブレス							
40	ブレスエックス							
42	オルビックコントロール							
44	リップ & タングロール							
46	ボーカルストレッチ							
48	リバースボイス							
52	ダイナミックボイス							
ページ	●燃やす burning							
55	レッグリフト							
56	D ツイスト							
57	レッグ & ツイスト							
58	レッグリフトエックス							
59	D スクワット							
ページ	●鍛える Exercise							
61	キャット							
62	ウルフ							
63	レッグウルフ							
64	バランス							
65	プランク							
ページ	●強くなる Stronger							
67	ペルヴィス A							
68	ペルヴィス B							
69	キックシーリング							
70	スイングスタンド							
71	ニーエックス							
ページ	●スーツを着こなす							
76	ツイスト							
78	ZERO ポイント							
80	チェスト UP							
82	V フォニックス							
84	プッシュバック							
ページ	●モテ声になる							
86	ワイルドサーキット							
88	ベリーブレス							
90	グラビティサーキット							
92	タングプッシュ							
ページ	●プレゼンの説得力を上げる							
94	ショルダーレイズ							
96	VC フォニックス							
98	ハミング							
100	タングトレ							
102	フェイシャルマッスル							
ページ	●男性機能アップ・尿もれ予防							
104	エックス							
106	プッシュアップ							
108	スクワット							
110	マジックステップ							
ページ	●ダメージケア							
114	スパイラル							
116	ロールアップ							
118	エルボー							
120	プレーンツイスト							

Chapter 4

狙った箇所を強くする！目的別サーキット

5つの目的に合わせたサーキットトレーニングメニューを用意しました。
仕事にもプライベートにも役立つ体を作りましょう。

さらなるトレーニングでなりたい自分になる

5つの目的別サーキット

5つのサーキットメニューの中から、自分の目的に合ったメニューを選べます。
もちろんすべてコンプリートしてもオーケー。1ランク上の自分を目指しましょう。

スーツを着こなす

スーツの似合う体に不可欠な厚い胸板や
太い首を形作る。

⇦ 76～85ページへ

モテ声になる

腹式呼吸を強化し、空気を多く含む、
低く落ち着いた声にする。

⇦ 86～93ページへ

プレゼンの説得力を上げる

相手を納得させる柔らかな表情や
張りのある声を手に入れる。

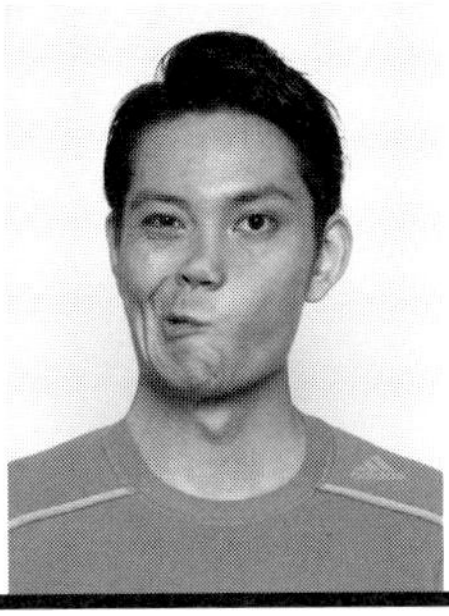

94～103ページへ

男性機能アップ・尿もれ予防

骨盤底筋を含む体幹をさらに鍛え、
男性機能を強化、尿もれを予防。

104～113ページへ

ダメージケア

柔軟性を高め、毎日の疲れを
残さない体にする。

114～121ページへ

B F D

2を
32回

スーツを着こなす

ツイスト

シャツの上からでもわかる引き締まったウエストラインは、男の魅力を何倍もアップさせます。ツイスト運動で腹横筋と腹斜筋、骨盤底筋を鍛えつつ贅肉を燃焼させます。

1 ひじを曲げた状態で、手を顔の前に出す。ひざは軽く曲げる。

ココに効く!
腹横筋、腹斜筋
内臓を正常な位置に留める筋肉です。お腹のくびれを作ります。

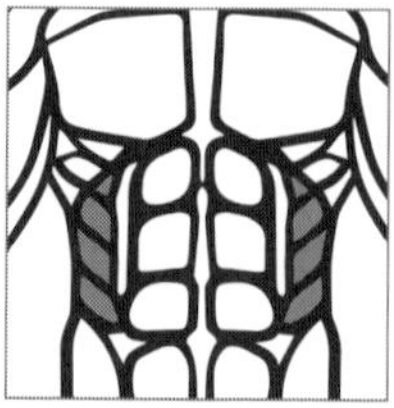

HARD

手を外に出す

手を外に出すと腹斜筋が引っ張られるため、より効果があります。余裕があれば、BPM130 の曲にテンポアップ。

NG

下半身が正面を向いていない

上半身と一緒に足をひねるのは NG。骨盤を含め、下半身は正面を向いたままにしておきます。

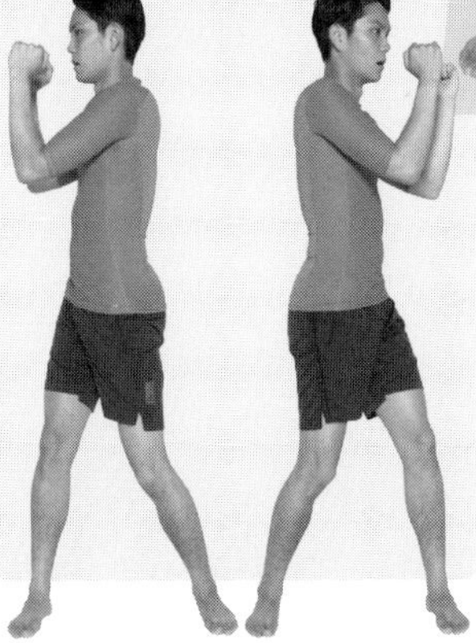

2

発声しながら、ビートに合わせて腰を左右にひねる。左右交互に 32 回。

B F D

2を
16回

スーツを着こなす

ZEROポイント

内臓を正常な位置「ZERO ポイント」に戻しながら、お腹の筋肉を強化します。腹横筋と腹斜筋に刺激を入れることで、内臓脂肪を減らす効果があります。

1

組んだ手のひらを天井に向け、上半身をまっすぐ伸ばす。ひざは軽く曲げる。

ココに効く!

腹横筋、内外腹斜筋

ゼロポイントを意識すると、内臓が正常な位置に収まります。脂肪燃焼効果もあります。

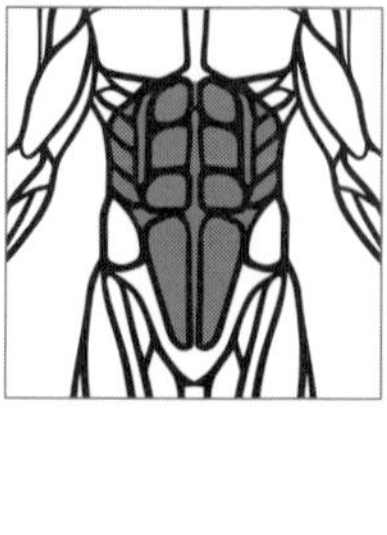

HARD

上半身を横に倒す

腹斜筋に負荷がかかり、より高い効果が得られます。

POINT

組んだ手を上に向ける

組んだ手をまっすぐ上に向けると、背骨に対する内臓の位置が正しくなります。この ZERO ポイントを覚えておきましょう。

2

骨盤の位置を固定したまま、ビートに合わせて発声しながら上半身を左右にひねる。左右は約1秒ごとに切り換える。左右交互に 16 回。

B F D

各1~2を
16回

スーツを着こなす

チェストUP

「厚い胸板」を作るエクササイズ 2 種です。息を最後まで吐き切り、呼吸を司る筋肉をストレッチ。また、腹斜筋や腹横筋を鍛え、がっしりとしたボディラインを手に入れます。

2

約4秒で、息を吸いながら右側の脇を大きく伸ばす。ビートに合わせ左右を交互に入れ替える。

1

左手を反対側の脇の下に当て、約4秒で息を吐き切る。

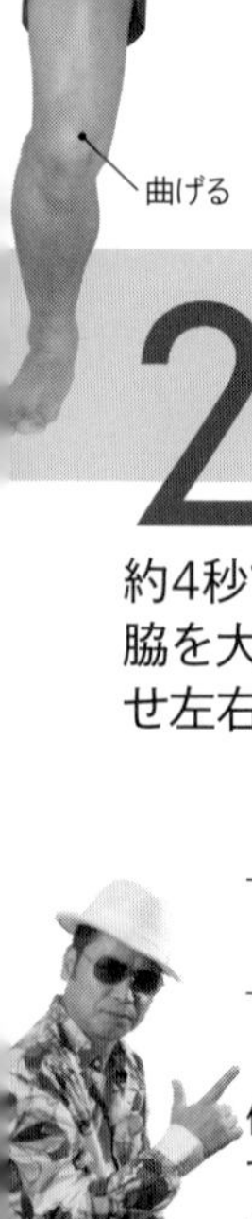

POINT

外に向かって手を伸ばす

体を曲げるときは、できるだけ外に向かって手を伸ばしていくイメージです。そのほうが、脇の下のストレッチ効果があります。

ココに効く!
呼吸筋

呼吸筋の緊張を和らげることで肺活量を最大限に高め、胸郭の拡大・収縮を促します。

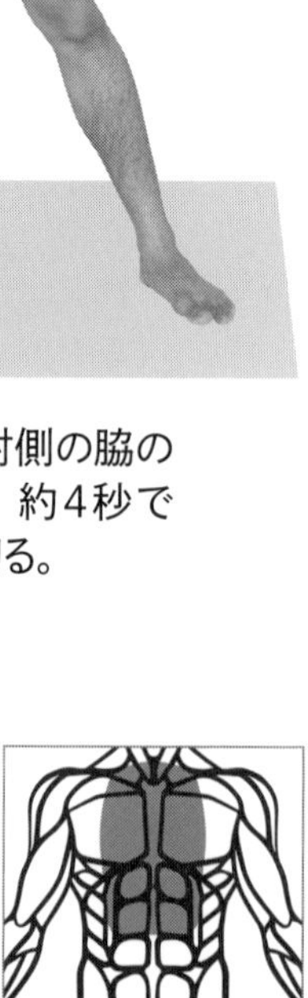

HARD

手を上下させる

追加のトレーニングとして、片手で反対側の鎖骨に触れ、息を吐きながら手を下に降ろします。左右8回ずつ。

1

左手をひざ、右手を腰に当て、約4秒で息を吸う。

2

約4秒で、息を吐きながら右肩を下げる。ビートに合わせ左右を交互に入れ替える。

B F **D**

1~5を
各**4**回

スーツを着こなす

Vフォニックス

母音を発音して咽頭筋を鍛え、襟元を引き立てる太い首を手に入れます。太い首元は顔を小さく見せるので、周りに与える印象もアップ。鏡に向かって行いましょう。

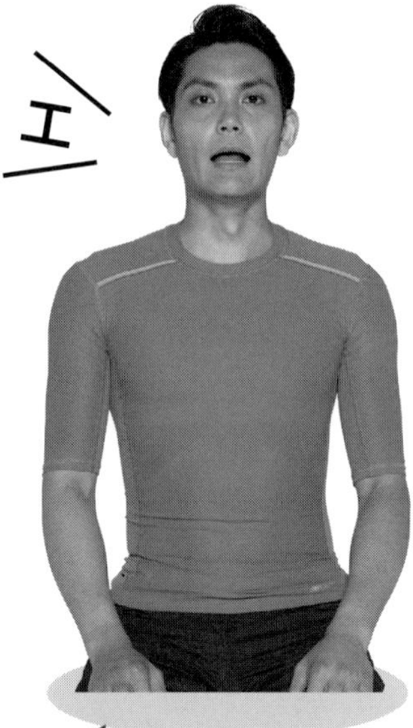

1

自然な姿勢のまま、ダイナミックボイスを4回。ここから咽頭筋を前後左右に動かし、発声していく。

2

首の前側を広げるようなイメージで、ダイナミックボイスを4回。

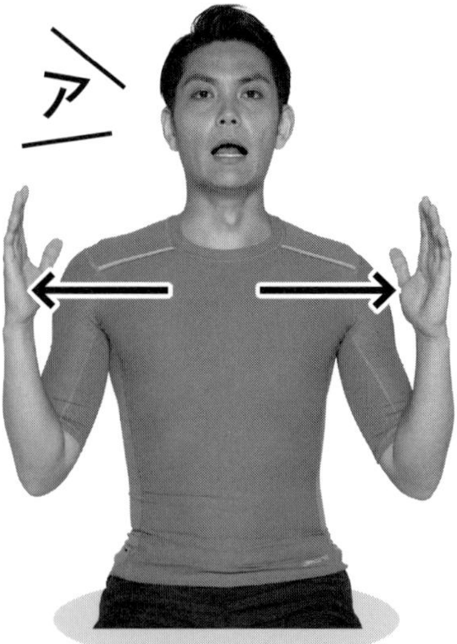

POINT

手でイメージを補う

写真と矢印の通りに、首や咽頭筋を広げたり、縮めたりするイメージとリンクするように手を動かすと、声の出し方が理解しやすくなります。

ココに効く!
咽頭筋

咽頭筋はものを飲み込む力を助けるほか、声帯の動きをスムーズにして発声を容易にする働きがあります。

HARD

頭の角度を変える

頭を上下や左右に動かしながら行うと、首と胸の筋肉も刺激されます。

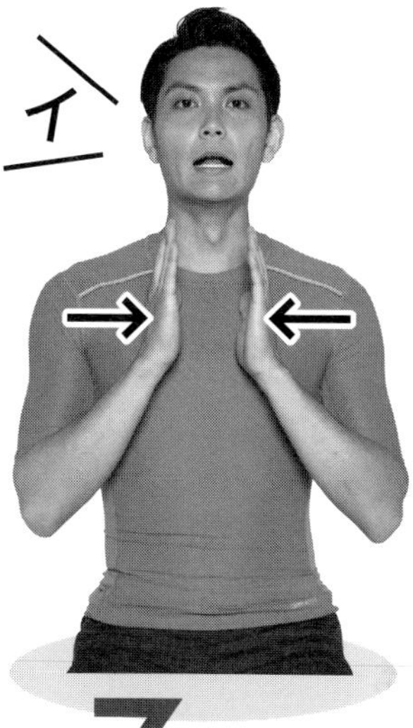

3

首の前側を縮めるようなイメージで、ダイナミックボイスを4回。

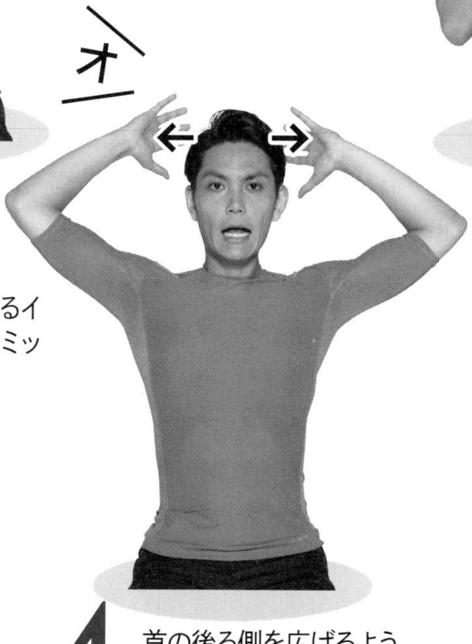

4

首の後ろ側を広げるようなイメージで、ダイナミックボイスを4回。

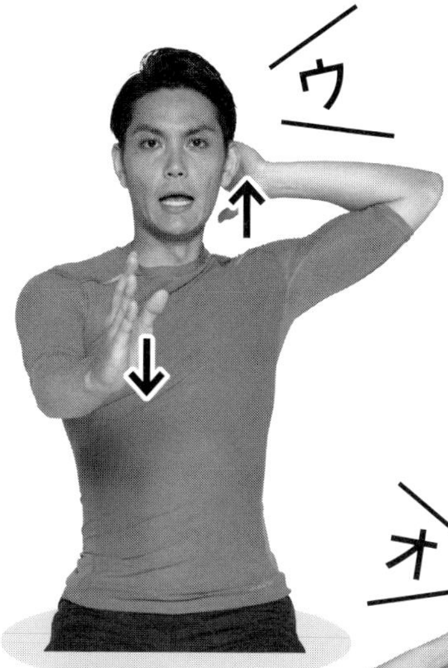

5

咽頭筋を細長くするイメージで、ダイナミックボイスを4回。

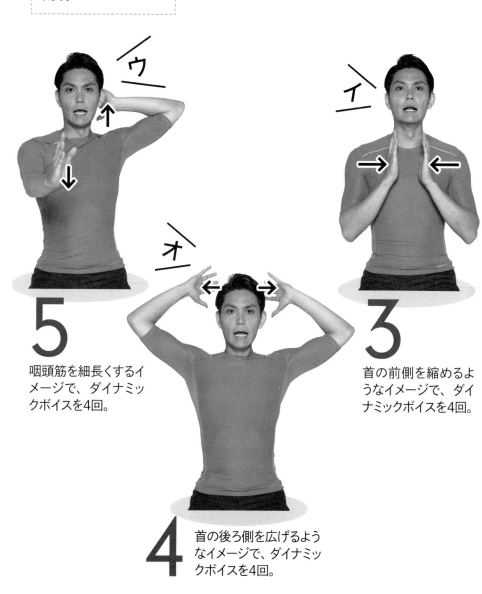

B F D

1~2を
16回

スーツを着こなす

プッシュバック

キュッと引き締まったお尻は、魅力的な印象を与えます。大臀筋《だいでんきん》、腰方形筋《ようほうけいきん》、大腰筋《だいようきん》を強化して、ボトムスラインを美しく見せます。

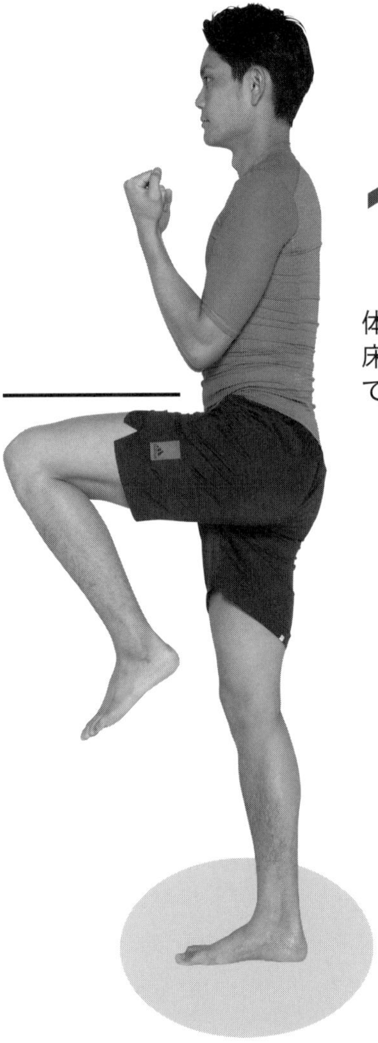

1

体の前でひじを曲げ、床と水平になる高さまで太ももを上げる。

ココに効く!
腰方形筋、大腰筋

腰方形筋は、上体を横に曲げたり、背中を反らせたりする筋肉。ここをほぐしておくと腰痛が予防できます。

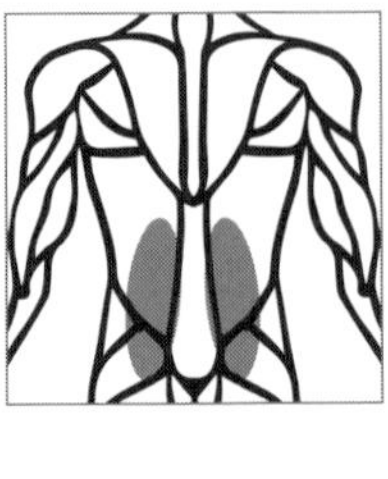

POINT

体のバランスを整える

大腰筋は股関節にあるインナーマッスル。ここを鍛えることで、猫背の改善など体全体のバランスを整えます。

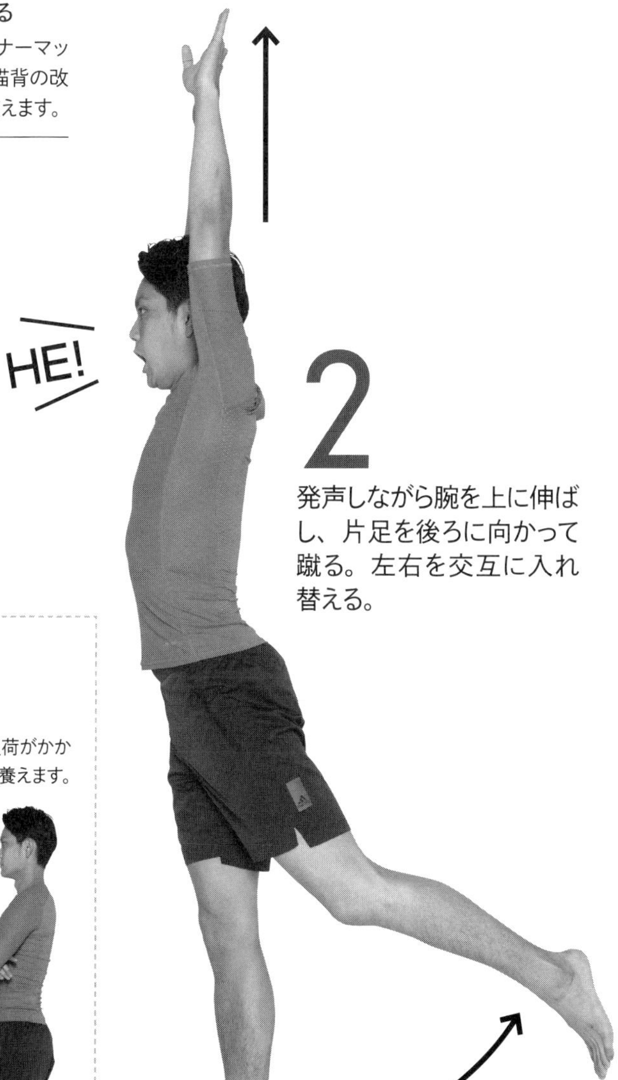

2

発声しながら腕を上に伸ばし、片足を後ろに向かって蹴る。左右を交互に入れ替える。

HARD

腕を組んで行う

体の前で腕を組むと、より負荷がかかります。また、バランス能力も養えます。

B F D

1~4を
1回

モテ声になる

ワイルドサーキット

モテ声の第一条件は、何といっても「ベルベットボイス」と呼ばれる息で包まれた低音です。いくつかのトレーニングを絶え間なく続ける、「低音用」 サーキットメニューです。

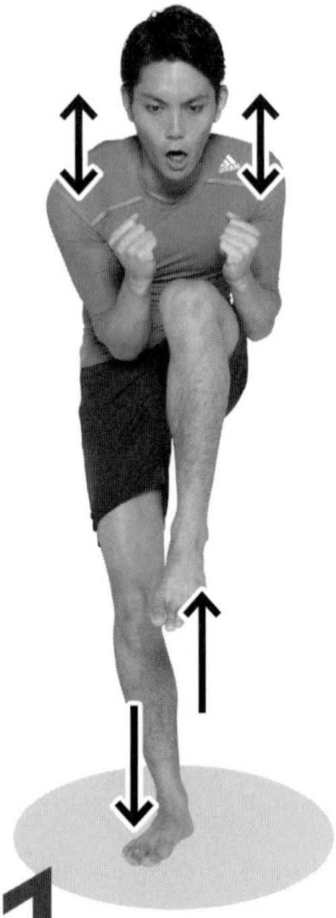

1

レッグリフト
→ 55 ページ

2

D ツイスト
→ 56 ページ

ココに効く!

腰、横隔膜、太もも、臀部

サーキットの各トレーニングと同様の筋肉を強化します。また、ダイナミックボイスで深い呼吸を身につけられます。

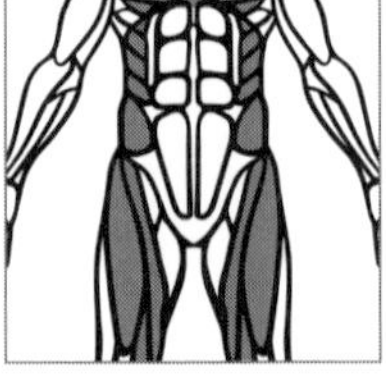

HARD

テンポアップ

BGM を BPM130 ほどの速さの音楽に変えてテンポアップ。動きもそれに合わせます。

3

レッグ & ツイスト

→ 57 ページ

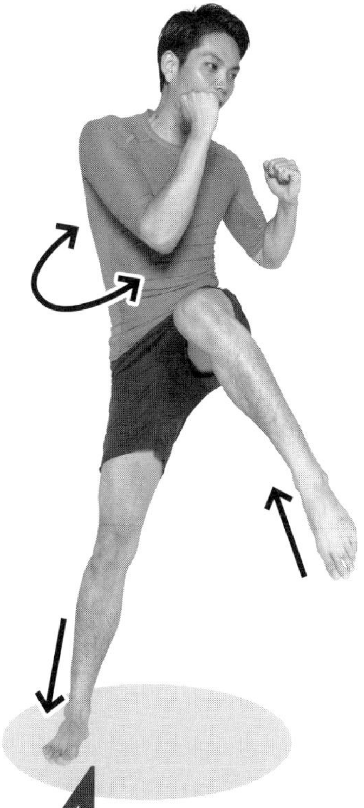

4

レッグリフトエックス

→ 58 ページ

POINT

テンポよく動き続ける

ビートに合わせてテンポよく続けます。トレーニングが変わるときも動きが途切れないようにしましょう。

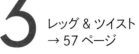

B F D

1~2を
16回

モテ声になる

ベリーブレス

包容力のある優しい声、声を息で包む「カバードボイス」を身につけます。お腹全体を使って息を吐き切て発声すれば、それだけで腹斜筋を鍛える効果もあります。

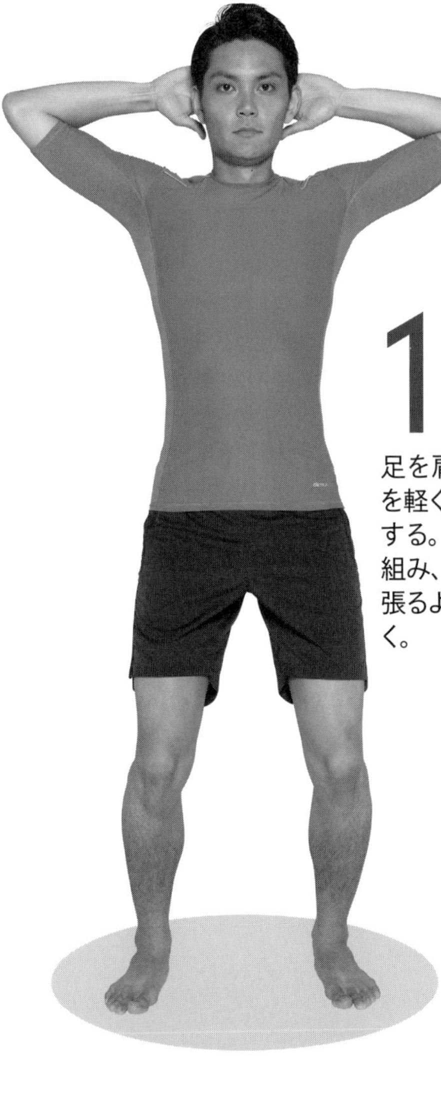

1

足を肩幅に広げ、ひざを軽く曲げて重心を低くする。手を頭の後ろで組み、ひじを後ろに引っ張るようにして、胸を開く。

ココに効く!
腹斜筋
体をひねることで腹斜筋に刺激が加わり、ぽっこりお腹を解消できます。

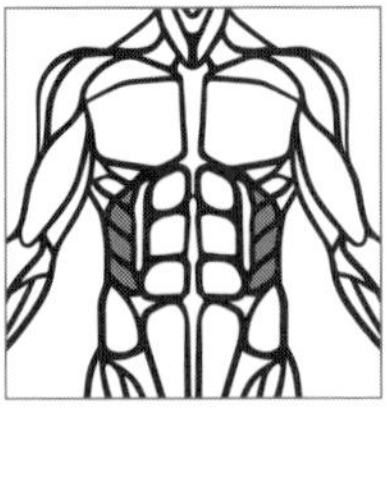

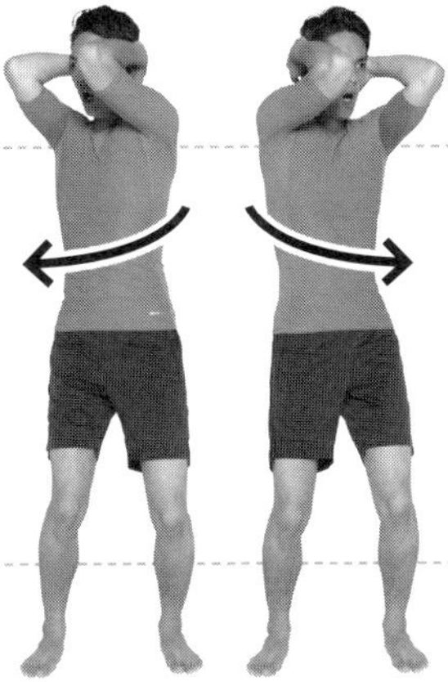

HARD

体を左右にひねる

息を吐きながら、腰から上を左右にひねります。また、吐く息の中に、少しずつ声を混ぜていきます。

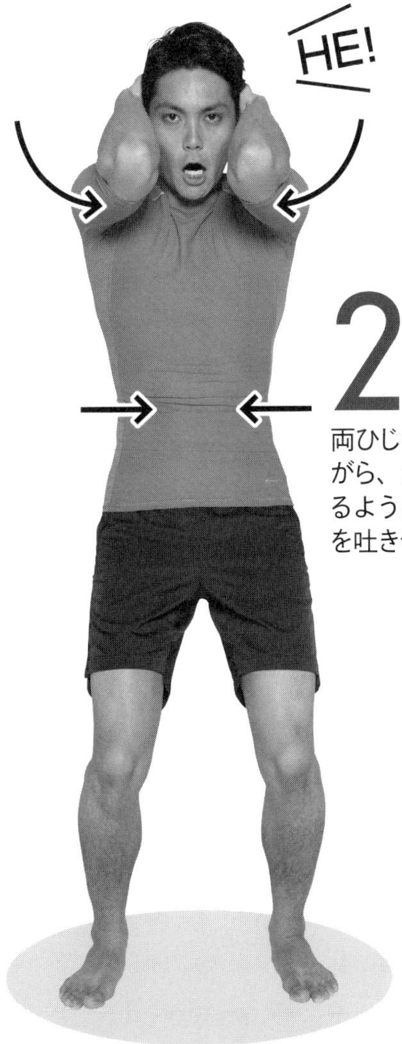

2

両ひじを中央に寄せながら、お腹を引っ込めるようにしっかりと息を吐き切って発声。

POINT

おへそで背骨を押す

腹式呼吸の前段階として、内臓を柔らかくする効果があります。おへそで背骨を押すイメージで、最後まで息を吐き切ります。

B F D

1~4を
1回

モテ声になる

グラビティサーキット

艶のある声を手に入れるためのサーキットメニューです。自重トレーニングで体幹を鍛えつつ、力を抜いた声帯の柔軟性を高めます。

1
ウルフ
→ 62 ページ

2
バランス
→ 64 ページ

ココに効く!
腰、横隔膜、太もも、臀部
サーキットの各トレーニングと同様の筋肉を強化します。また、声帯の柔軟性を高め、声に艶を与えます。

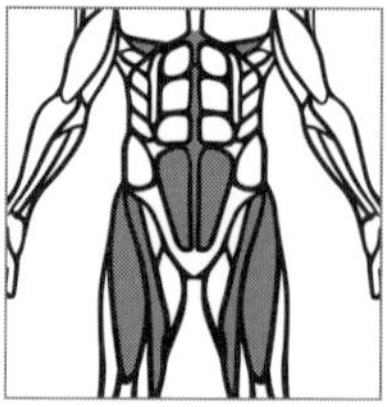

HARD

テンポアップ

BGM を BPM130 ほどの速さの音楽に変えてテンポアップ。動きもそれに合わせます。

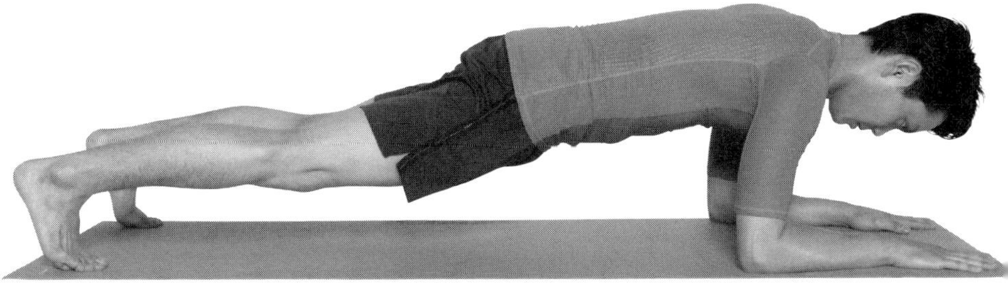

3

プランク

→ 65 ページ

4

ペルヴィス A

→ 67 ページ

POINT

テンポよく続ける

ビートに合わせてテンポよく続けます。トレーニングが変わるときも呼吸が乱れないようにしましょう。

B F D

1~2を
1回

モテ声になる

タングプッシュ

発音は、舌の位置と唇・表情筋によって決まります。舌で頬の内側を押しながら、ぐるぐる回しましょう。舌の運動神経が活性化され、発音を自由に操れるようになります。

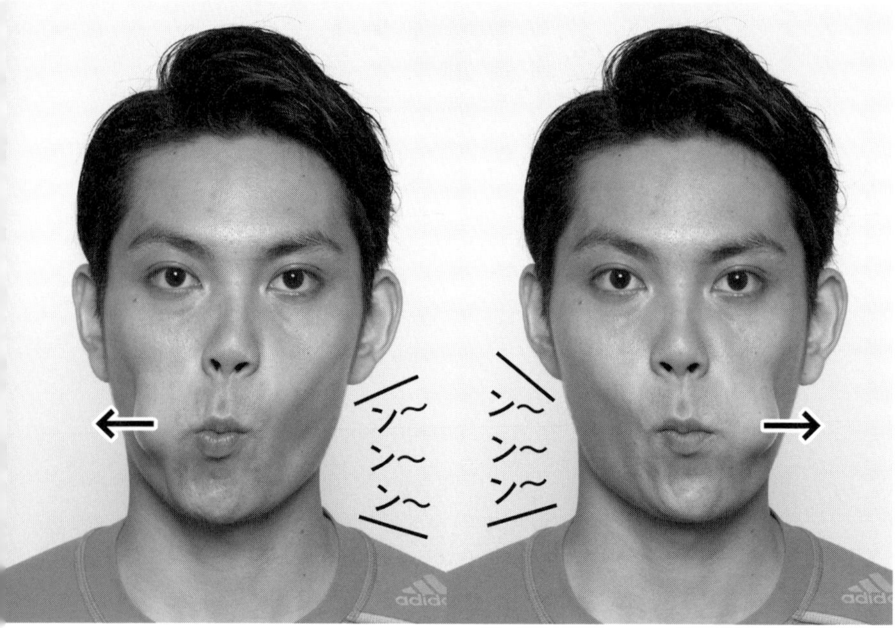

1

ビートに合わせて声を出しながら、口の中から両頬を舌で押す。左右交互に8回。押すごとに、低い声、高い声、低い声の順に裏声を一息で3回出し、1カウント休む。

ココに効く!
舌筋、頬筋
発音の良し悪しを左右する舌と頬の筋肉が鍛えられます。

HARD

テンポアップ

BPM130ほどの速さの音楽に変えてテンポアップ。回数を左右8回、4回転ずつに増やします。

EASY

ファルセットなし

声を出さないで舌だけでやってみましょう。

POINT

舌の根元まで動かす

鏡を見ながら全力で舌の根元まで動かしましょう。

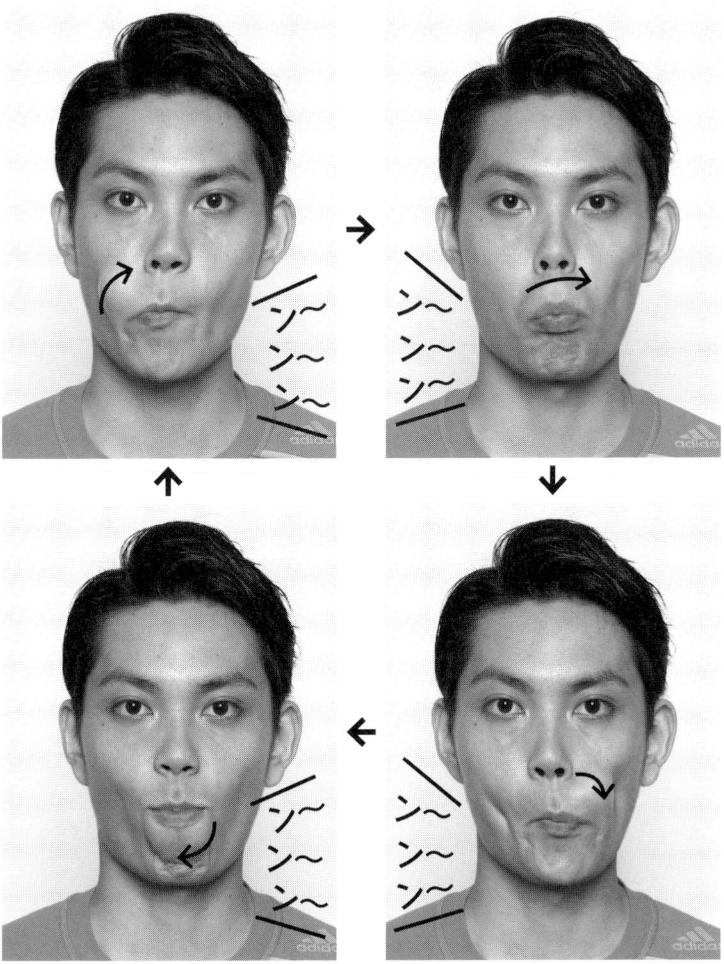

2

声を出しながらそのまま舌を口の中で2回転させる。さらに反転で2回転。

B F D

1~2を
8回

プレゼンの説得力を上げる

ショルダーレイズ

「緊張する」「肩がこる」程度でも声は出にくくなります。肩こりの症状を引き起こす肩付近の僧帽筋《そうぼうきん》を柔軟にし、声帯のポテンシャルを最大限引き出します。

裏声の高さの変化

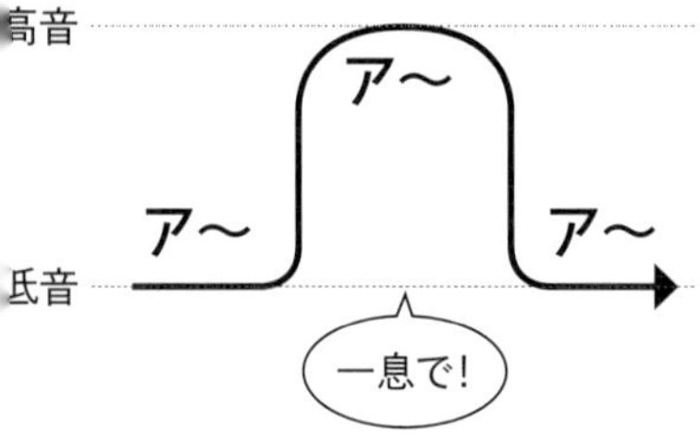

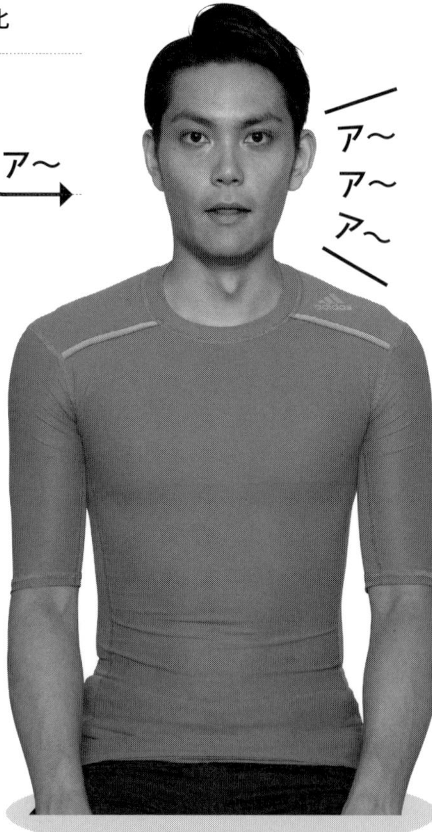

1

正面を向き、肩をリラックスさせる。舌先を下唇につけ、ビートに合わせて低い声、高い声、低い声の順に裏声を一息で3回出す。1カウントおいて2へ。

ココに効く!
僧帽筋
僧帽筋のエクササイズで肩甲骨が閉じ、猫背が改善できます。肩こりの解消にも効果があります。

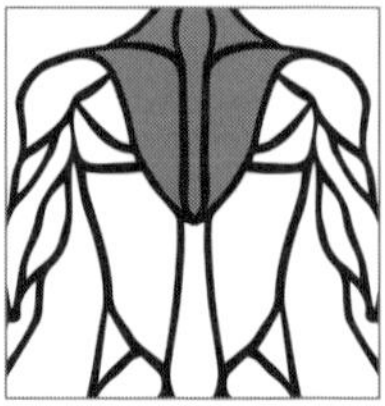

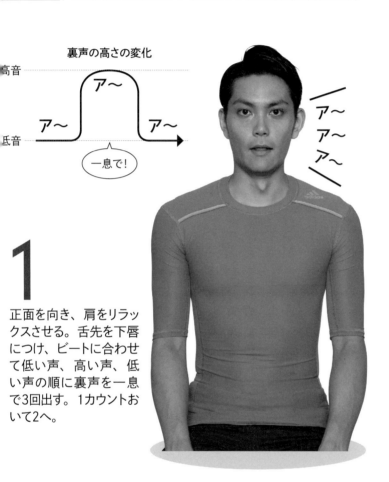

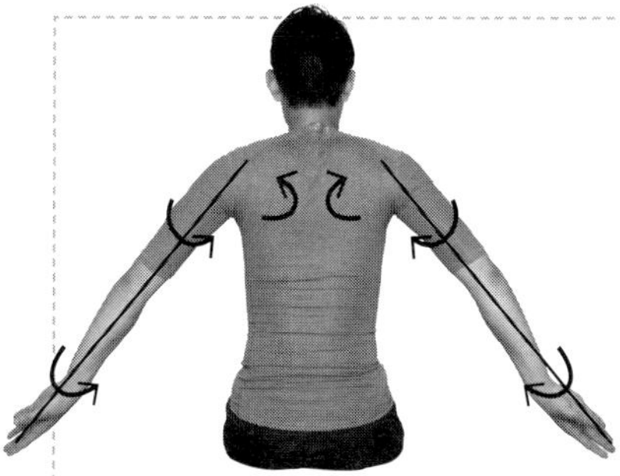

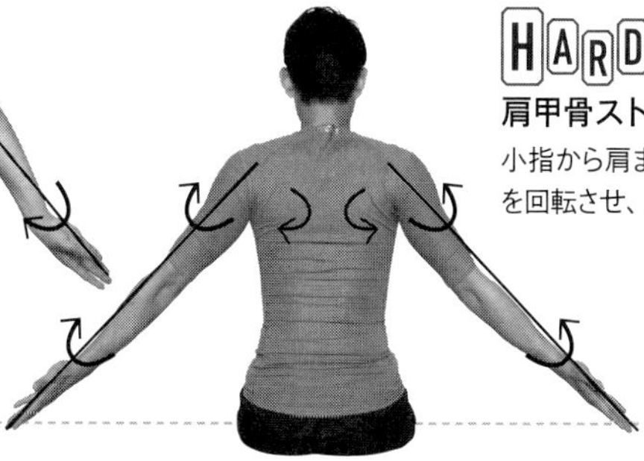

HARD

肩甲骨ストレッチを追加

小指から肩までを軸にして、腕を回転させ、肩甲骨を回します。

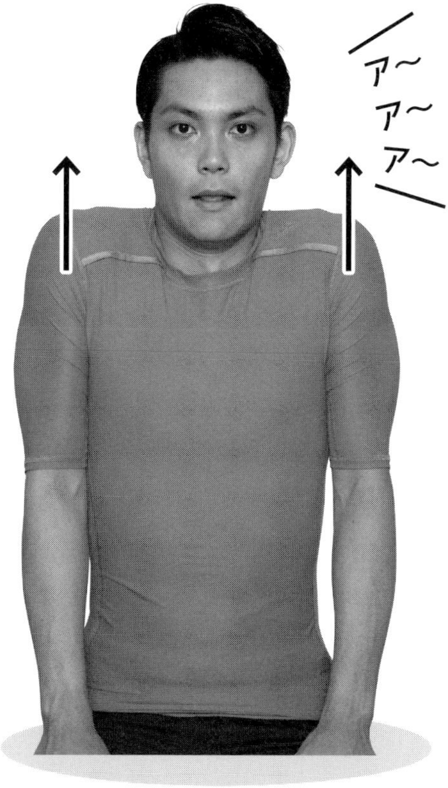

2

ビートに合わせて肩を上げ、同様に裏声を出す。1 カウントおいて 1 に戻る。

POINT

声に息を混ぜる

声帯をリラックスさせた状態で声に息を混ぜるのがポイントです。

B F D

1~4を
4回

プレゼンの説得力を上げる

VCフォニックス

お腹から出た母音と子音を合わせて発音すると、明瞭で迫力のある言葉を出すことができます。母音は 82 ページのＶフォニックスを使って出しましょう。

\S/

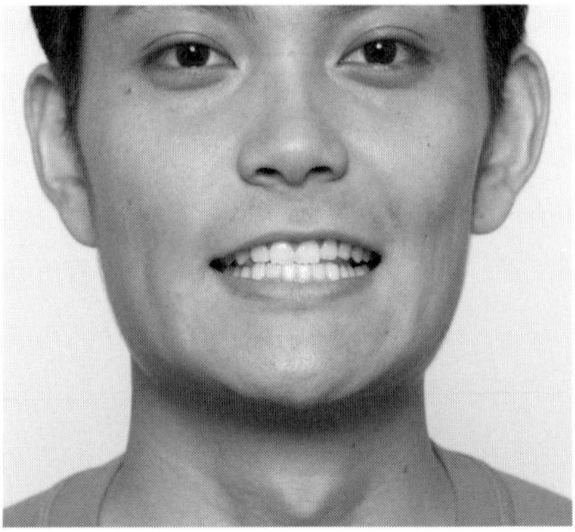

1 前歯の間に空気を通し、「S」を発音する。Ｖフォニックス（82ページ）の母音の出し方と組み合わせてサ行（se・sa・si・so・su）を発声。そのあと、3カウント休んで、合計8カウント。

\T/

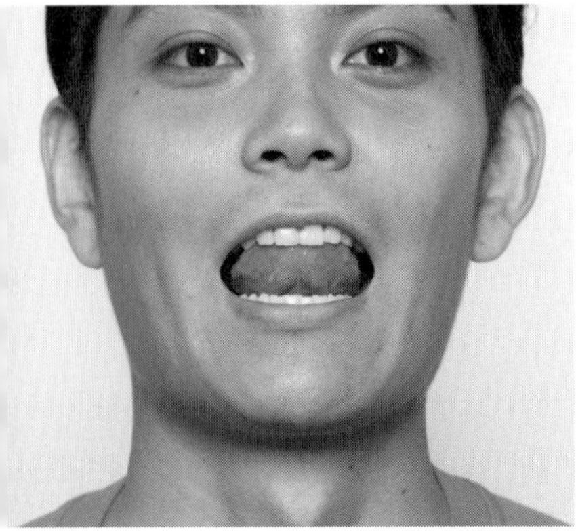

2 上の前歯の根元に舌を当ててはじき、「T」を発音する。Ｖフォニックスの母音の出し方と組み合わせてタ行（te・ta・ti・to・tu）を発声。そのあと、3カウント休んで、合計8カウント。

ココに効く!
あご・舌・唇
日常では十分に使われていない顔の筋肉を動かして、発音を明瞭にします。

POINT

子音と母音のメカニズム

子音は、あご・舌・唇で発音。母音は、骨盤底筋を絞って横隔膜で肺を押し上げ、声帯で喉頭原音を出し、咽頭筋で発音します。

\P/

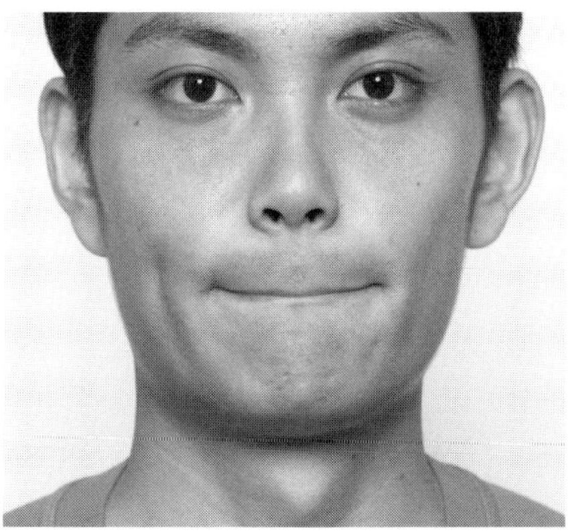

4 口を閉じて息で唇を破り、「P」を発音する。Vフォニックスの母音の出し方と組み合わせてパ行（pe・pa・pi・po・pu）を発声。そのあと、3カウント休んで、合計8カウント。

\K/

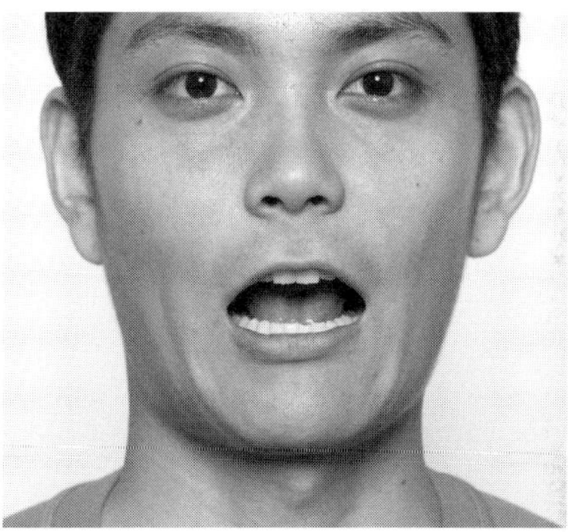

3 舌の根元で上あごをふさぎ、「K」を発音する。Vフォニックスの母音の出し方と組み合わせてカ行（ke・ka・ki・ko・ku）を発声。そのあと、3カウント休んで、合計8カウント。

B F D

2を
32回

プレゼンの説得力を上げる

ハミング

深みのある大人の声は、頭蓋骨の中でよく共鳴しています。鼻（副鼻腔）に声を響かせるために、上の奥歯の後ろあたりに道を開き、のどと鼻をつなげます。

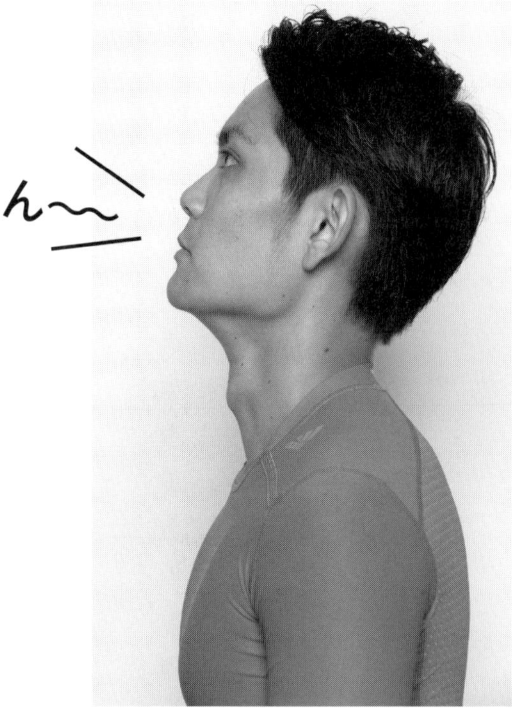

1

口を閉じたまま発声し、
鼻の奥を震わせる。

ココに効く!
副鼻腔
鼻腔の振動を感じられるようになると、響きのある声が出せるようになります。

EASY

鼻を手で触る

鼻を手で触り、口を閉じた状態で声を出すと、鼻が震えていることがわかります。

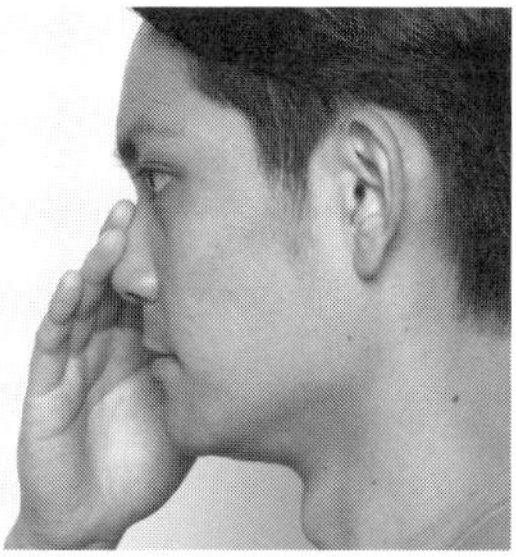

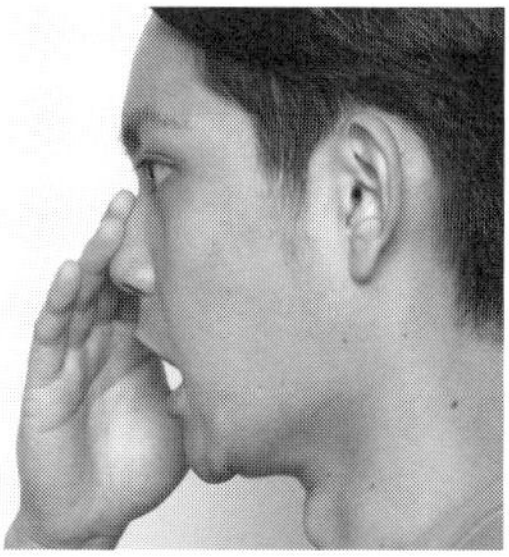

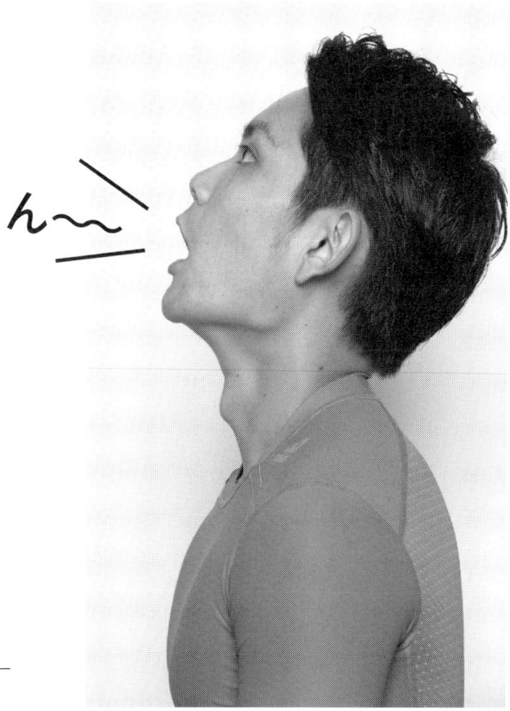

2

1の状態から口を開けても鼻の奥が響いたままの状態の感覚をつかむ。

POINT

いびきをイメージする

いびきをかくときのように、口を開けて音をさせながら鼻から息を吸うと、震えている部分がわかります。頭蓋骨全体に響くと、高いビルに上がったときのように、鼓膜が内側から押される感じがします。

B F D

1~3を
2回

プレゼンの説得力を上げる

タングトレ

人前で自分の考えを話すときは、相手が聞き取りやすい滑舌《かつぜつ》が重要です。エッジの効いた子音を作る舌のエクササイズで、はっきりとした滑舌を目指しましょう。

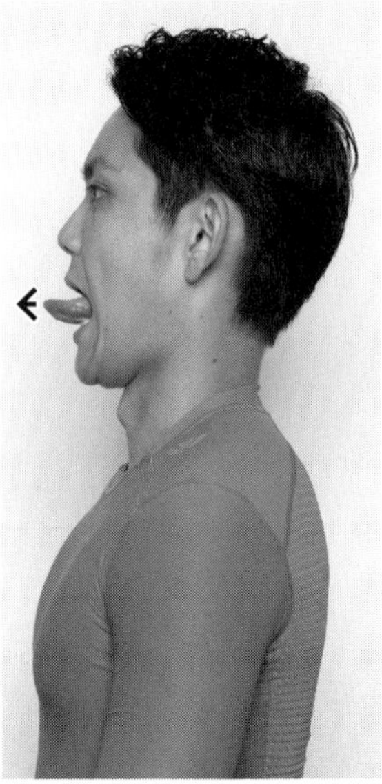

1 声を出しながら舌を前に出す。ビートに合わせて8回。

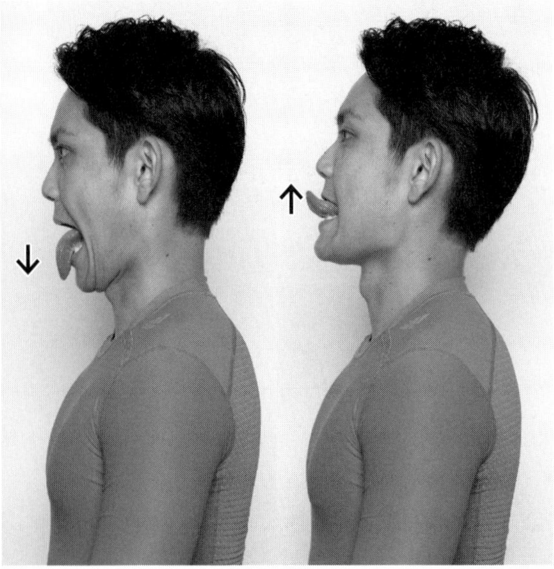

2 声を出しながら舌を上下に動かす。ビートに合わせて上下交互に8回。

ココに効く!

舌筋

舌筋を鍛えることで正しい発音に必要な動作が身につき、滑舌が格段に良くなります。

HARD

頭を動かしながら

頭を前後や左右に動かしたり、首を回したりしながら行うことで、首と胸の筋肉も巻き込んだエクササイズになります。ビートに合わせて首を前後交互に8回、左右交互に8回傾けます。または首を 2 回大きく回し、逆方向にも 2 回転させます。

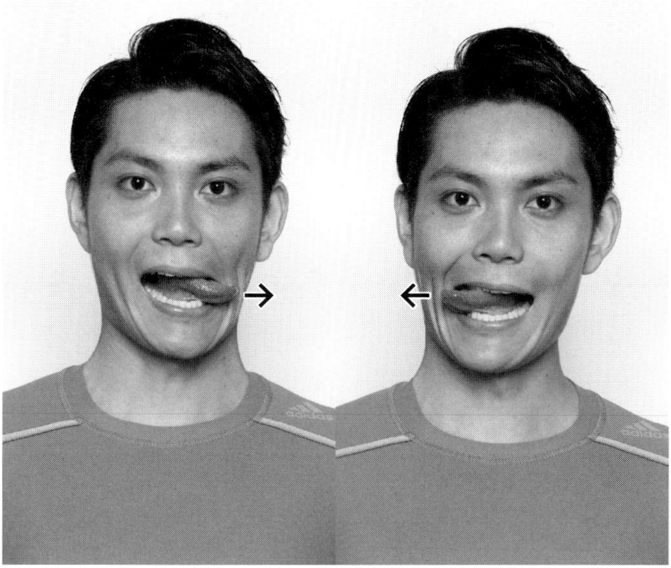

3

声を出しながら舌を左右に動かす。ビートに合わせて左右交互に8回。

POINT

嚥下《えんげ》力を養う

舌は舌筋《ぜっきん》と呼ばれる心臓の次に強い筋繊維でできています。舌を鍛えることで、意思をハッキリ伝える発声や食べ物を飲み込む力を身につけられます。

B F D

1~4を
4回

プレゼンの説得力を上げる

フェイシャルマッスル

豊かな表情を手に入れるために表情筋を鍛えます。明るい声が身につくと同時に表情豊かになり、周りに好印象を与えることができます。

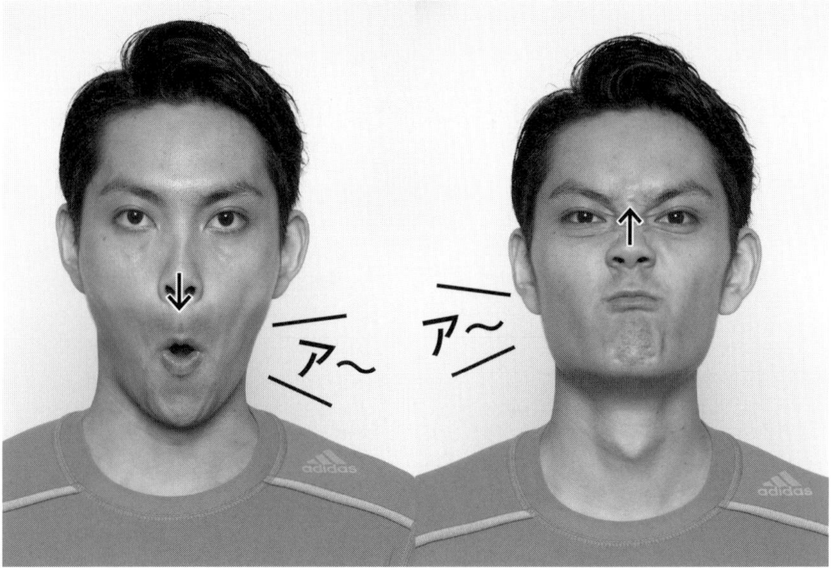

1

口を大きく開けずに発声しながら、鼻を上下に動かす。上下交互に8回。

ココに効く!

表情筋全体

顔の表情を作る筋肉を鍛えます。頬のたるみやほうれい線の予防につながります。

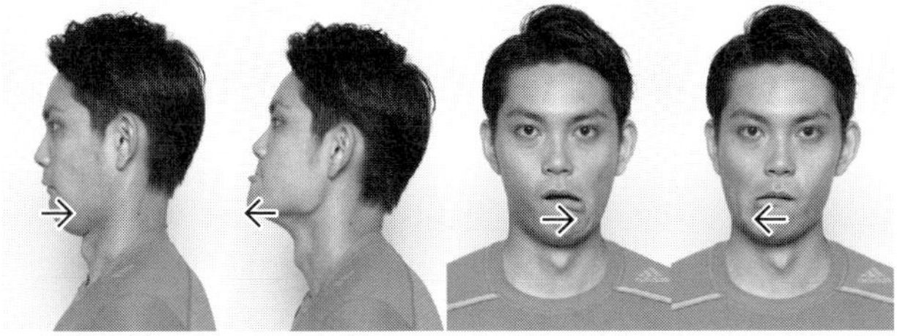

HARD
下あごの柔軟を追加

下あごを前後左右に動かすことで、顔の筋肉が柔らかくなります。

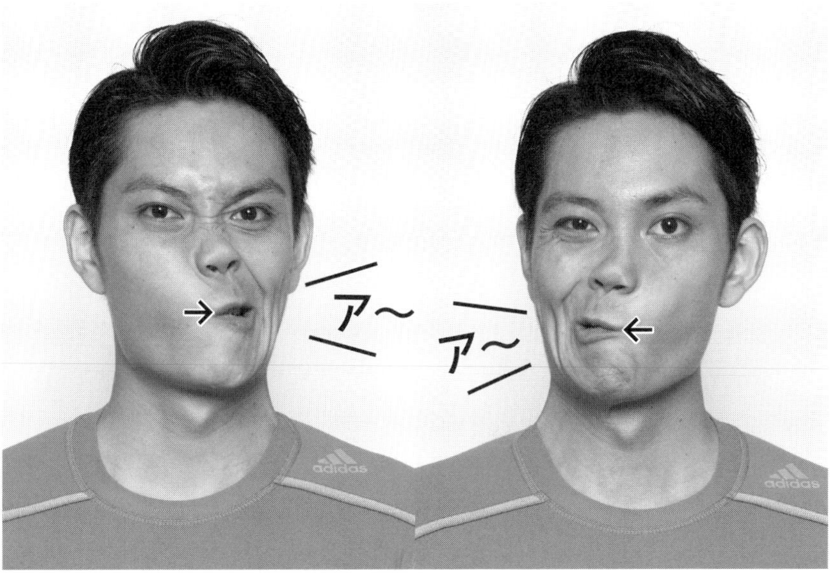

2
口を大きく開けずに発声しながら左右に動かす。左右交互に8回。

POINT
できるだけ毎日続ける

鏡を見ながら毎日やりましょう。口を閉じることで唾液の分泌がスムーズになり、口の中を清潔に保つことができます。

B F D

1~2を
16回

男性機能アップ・尿もれ予防

エックス

くしゃみや重い荷物を持ったときに起こる尿もれは、骨盤底筋の強化で防げます。男性機能も向上して自尊心もアップします。

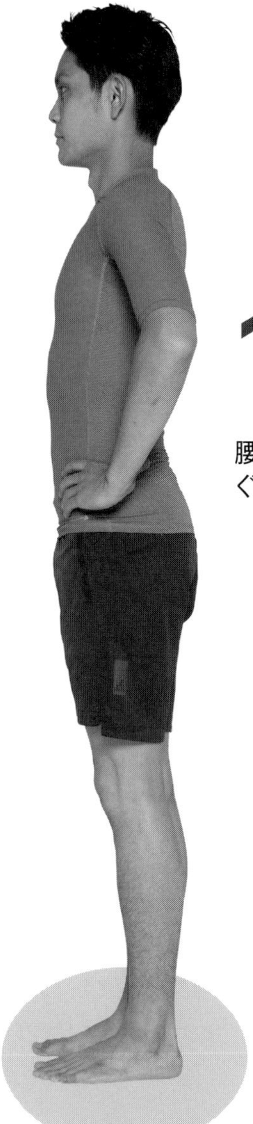

1

腰に手を当ててまっすぐ立つ。

ココに効く!
体幹

鍛えると、内臓が正しい位置になります。姿勢の改善、便秘や肥満の解消、持久力アップに効果があります。

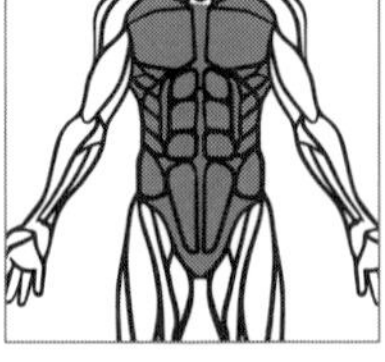

POINT

ひざを出しすぎない

体を沈めるときにひざがつま先より前に出てしまうと、股関節にかかる負担が大きくなってしまうので注意しましょう。

2

上半身をまっすぐにしたまま、片足を前に出して体を深く沈ませて発声をする。すぐに体を起こし、左右を交互に入れ替えて 16 回。

B F D

2を
16回

男性機能アップ・尿もれ予防

プッシュアップ

腕立て伏せの体勢と動きをベースに、足を交差させて体幹を刺激します。大胸筋、上腕二頭筋に負荷をかけて男性ホルモンを増強し、若々しさを保ちます。

1 腕立て伏せの態勢を作る。ひざは床につき、足首あたりで交差させる。

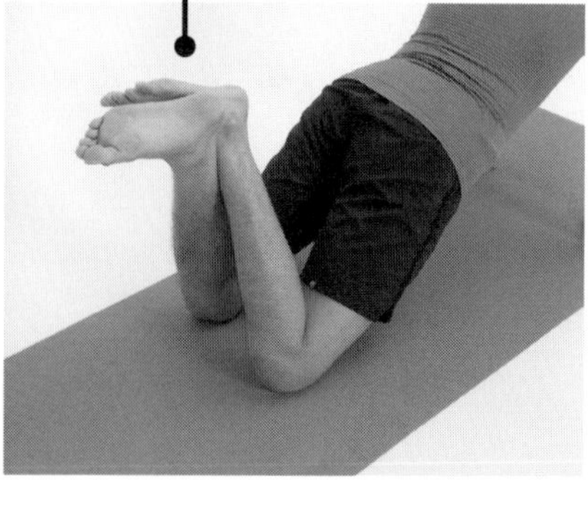

ココに効く!
大胸筋
腕の筋肉（上腕三頭筋）に加え、大胸筋に刺激が加わります。たくましい胸板が手に入れられます。

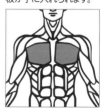

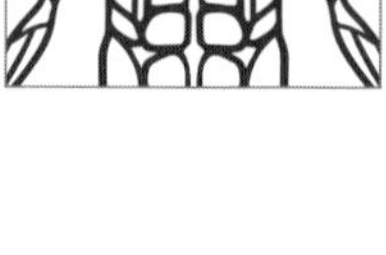

EASY

ひざを伸ばしてもオーケー

足を交差させるのが難しければ、ひざを伸ばしたままでかまいません。

2

発声しながら腕を曲げ、
体を沈み込ませる。

POINT

骨盤底筋を絞る

腕の曲げ伸ばしをしながらも、骨盤底筋を絞って声を出します。

1~2を
16回

男性機能アップ・尿もれ予防

スクワット

左右のつま先を外側に向け、その方向に沿ってひざを突き出すスクワットです。骨盤周辺の筋肉を活性化させて、男性ホルモンの一種であるテストステロンを増やします。

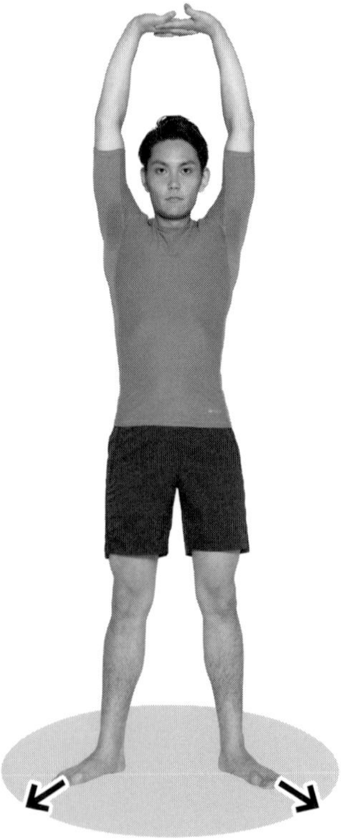

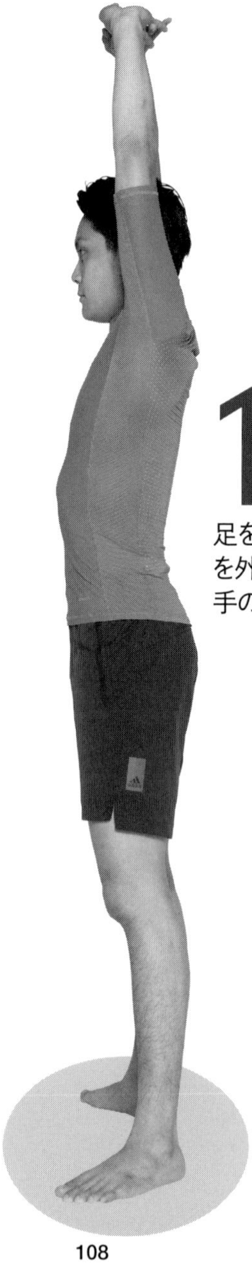

1

足を肩幅に開き、つま先を外に向ける。手を組み、手のひらを上に向ける。

ココに効く!
大腿四頭筋

太ももの強化で基礎代謝がアップ。テストステロンは筋肉や骨の強度を高める効果があります。

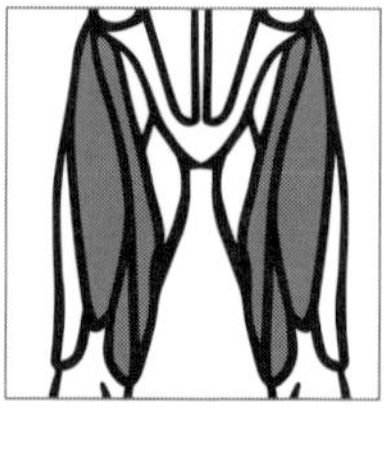

NG 上半身が前に傾いてしまう

上半身が前に傾くと、太ももの内側の筋肉が伸びません。手のひらをしっかり上に向けて、背筋を伸ばしましょう。

EASY
足の幅を広く

足の幅を肩幅より広めにすると、背筋を伸ばしたままでも楽に腰が落とせます。

2

腰を落として、外側に向けたつま先に向かって、ひざを突き出しながら発声。

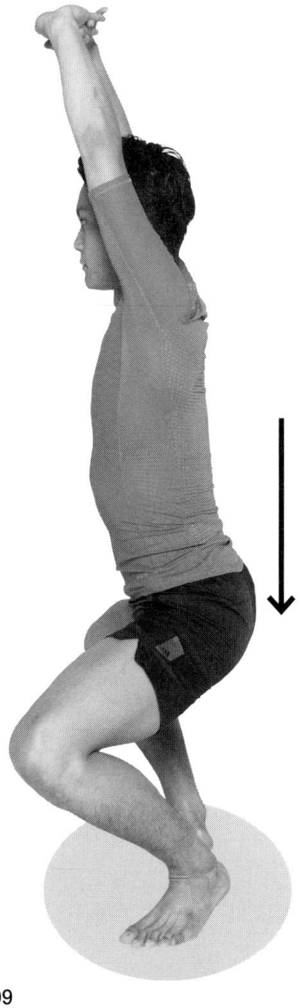

B F D

1~2を
1回

男性機能アップ・尿もれ予防

マジックステップ

①スライドステップ、②ハイタッチ、③プレボックス、④ボックスの4つのステップで、体幹機能を鍛え、基礎代謝を高めます。できるだけ遠くに重心移動をします。

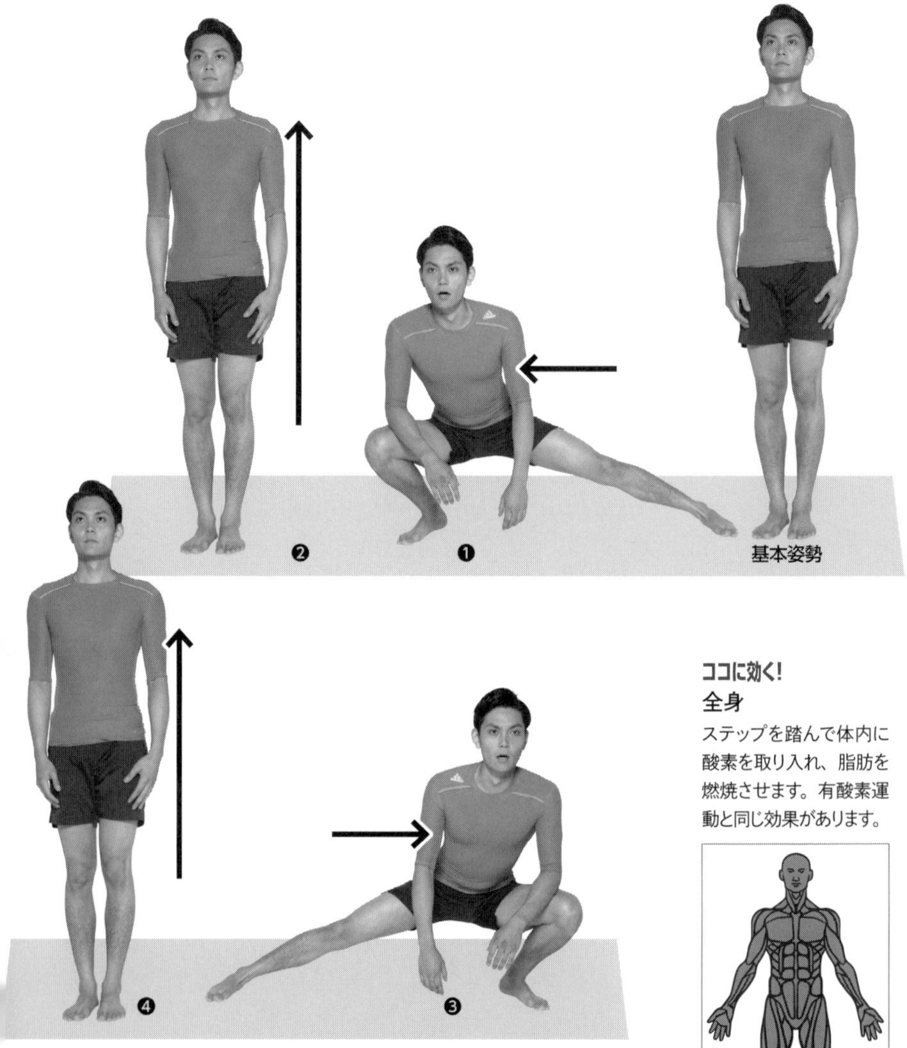

ココに効く!
全身
ステップを踏んで体内に酸素を取り入れ、脂肪を燃焼させます。有酸素運動と同じ効果があります。

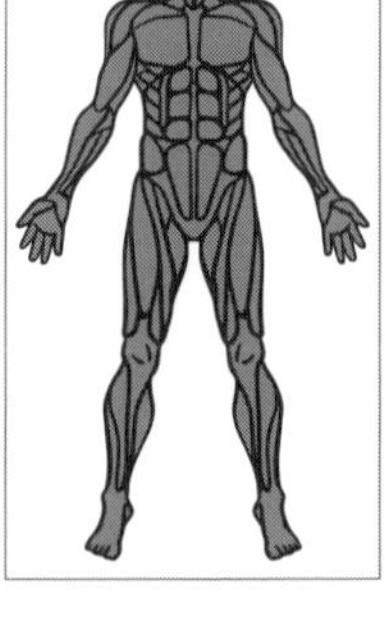

1 スライドステップ　4 カウント× 2 回

❶右足を真横に出して、出した足の上に体をスライドさせる。
❷ひざを伸ばし、足を閉じて立つ。
❸左足を真横に出し、❶と同様に体をスライドさせる。
❹❷と同様にひざを伸ばし、足を閉じて立つ。

POINT

段階的に覚える

ひとつの動きから段階的に覚えて、最終的につなぎ合わせます。慣れてきたら、BPM120前後の曲で1～4を繰り返します。

2 ハイタッチ　4カウント×2回

❶足を閉じて立つ。手は太ももに添える。
❷軽くジャンプして足を大きく開きながら腕を真上に上げて、手を鳴らす。
❸軽くジャンプして❶の体勢に戻す。
❹❷と同様に足を開きながら手を鳴らす。

EASY

自分なりのリズムで

難しければ、最初は自分なりのリズムでかまいません。好きな音楽のリズムに乗るところから始めるのがオススメ。

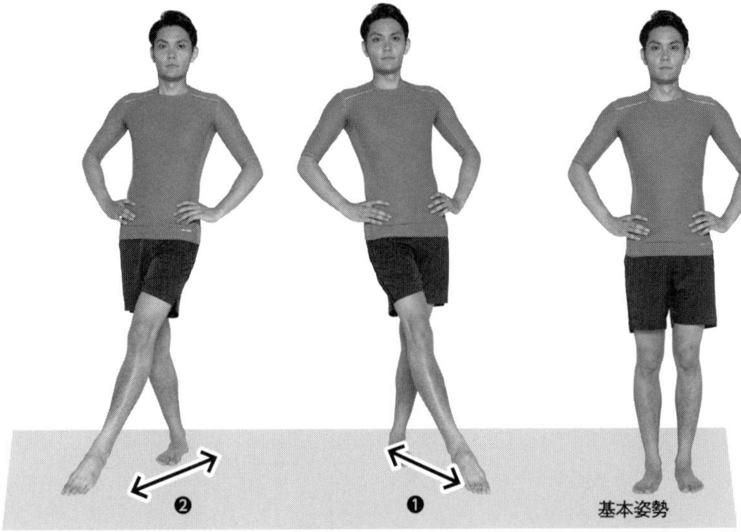

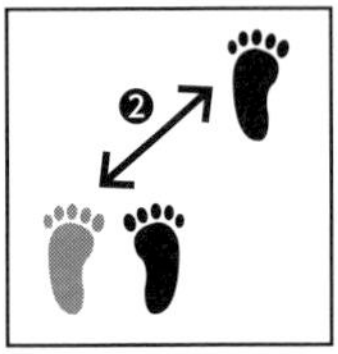

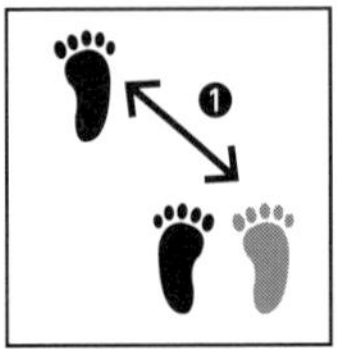

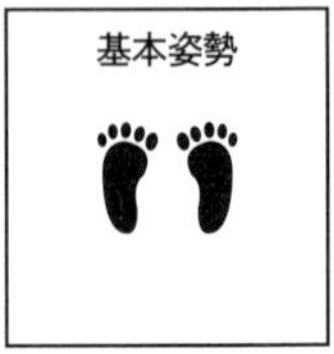

3 プレボックス

1 動作で 2 カウント× 1 回

❶右足を前方斜め左に出し、戻す。
❷左足を前方斜め右に出し、戻す。
❸右足を後方斜め右に出し、戻す。
❹左足を後方斜め左に出し、戻す。

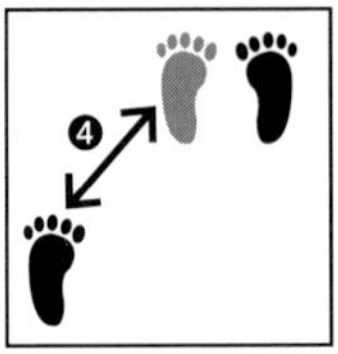

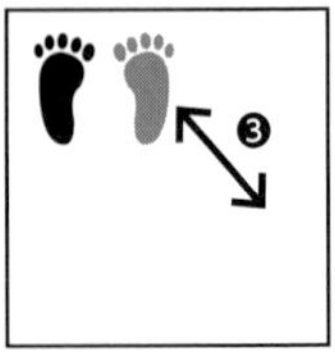

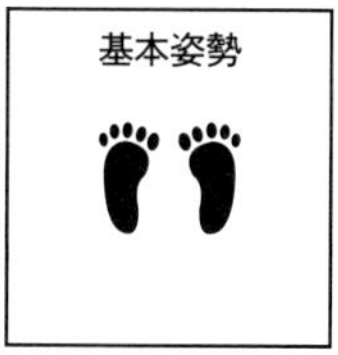

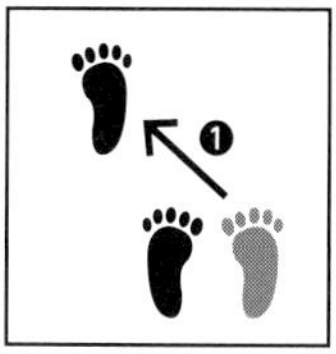

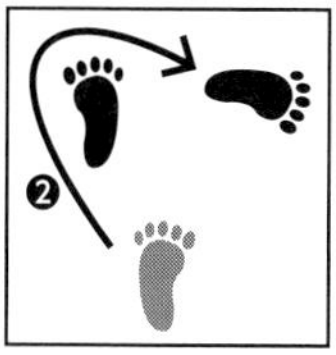

4 ボックス　4 カウント× 2 回

❶右足を前方斜め左に出す。
❷左足を前方斜め右に出す。
❸右足を左足の後方に出す。
❹左足を右足の左に出す。

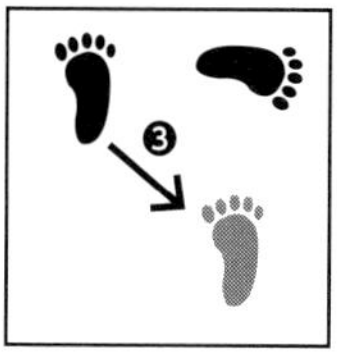

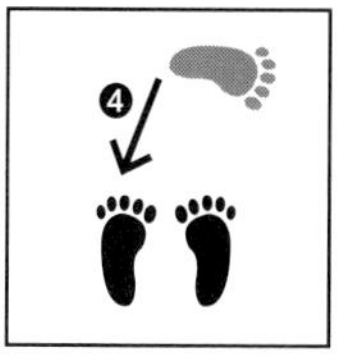

B F D

2~4を

4回

ダメージケア

スパイラル

疲労を翌日まで残さないようにするための、背中のストレッチです。息を吐き切って発声し、多裂筋《たれつきん》、椎間板《ついかんばん》を開きます。続けていくうちに背骨周辺の筋肉が柔らかくなります。

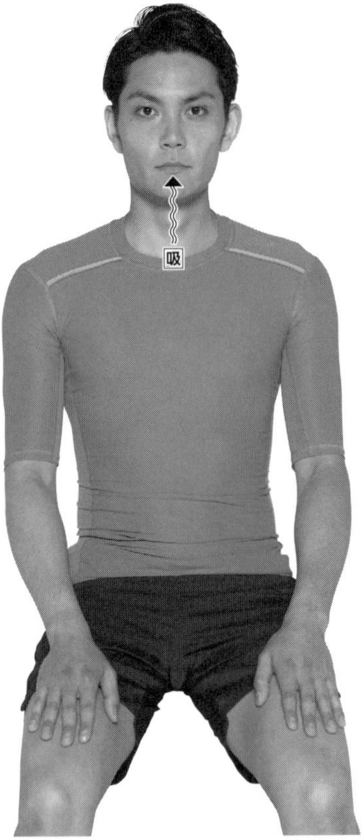

1

両手を太ももの上に置き、大きく息を吸う。

2

右手を左足の太ももに置き、上半身をひねりながら発声し始める。

ココに効く!

多裂筋

主に腰痛の原因になる多裂筋。ストレッチすることで、腰痛の予防・改善につながります。

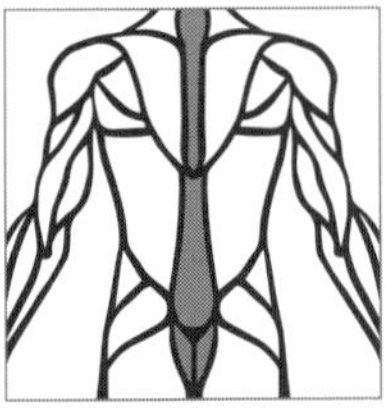

EASY

できる範囲からはじめる

背骨周辺の筋肉が硬い人は、十分に体を温め、できる範囲で行ってください。無理は禁物です。

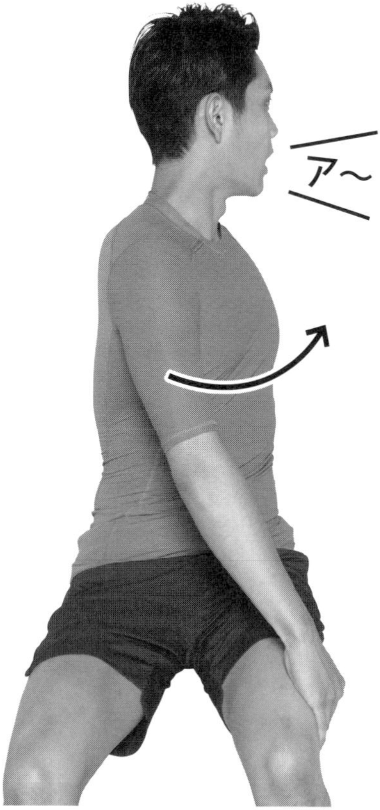

3

骨盤の位置を固定したまま、無理のない範囲で上半身をひねり、発声を終えると同時に息を吐き切る。

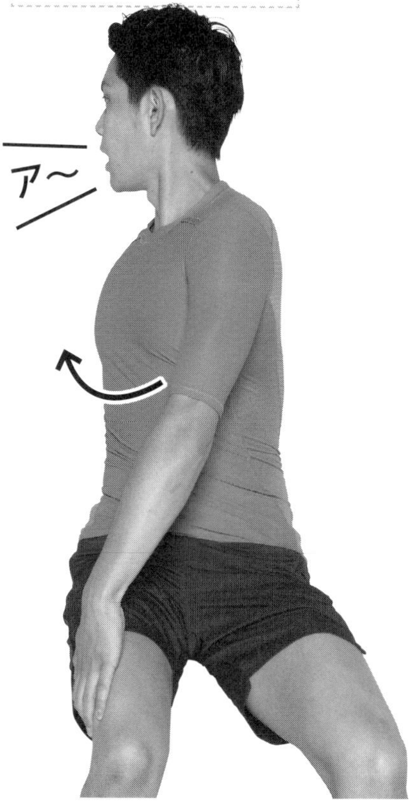

4

反対側も同じように行う。

POINT

下から回すイメージ

お腹→胃袋→胸→肩の順に、背骨を下の腰椎からひとつずつずらしていくイメージで、らせん状に回していきます。

B F D

1~4を
4回

ダメージケア

ロールアップ

首と背中のストレッチです。はじめに上半身を前に投げ出し、首の力を抜いて発声、そのまま体を揺らしながら、背骨をひとつずつ積み上げるように体を起こしていきます。

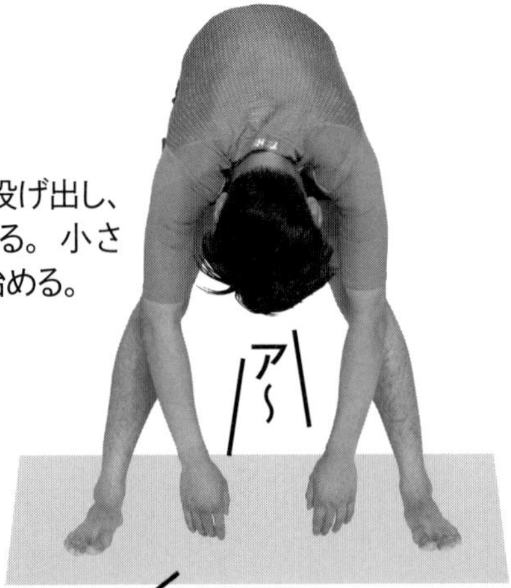

1 体を前に投げ出し、頭を下げる。小さく発声し始める。

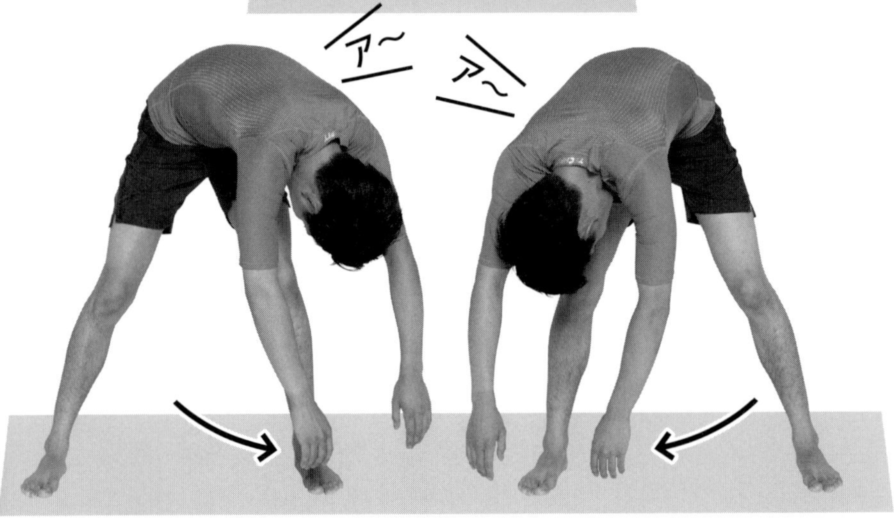

2 腕をだらりと下げたまま、ビートに合わせて体を左右に揺らしながら発声。

ココに効く!

首の筋肉

首の筋肉が柔らかくなることで頭部への血行が促進され、頭痛や首こり、肩こりを解消します。

POINT

体を揺らしながら起こす

音楽のリズムに合わせて、体を揺らしながら起こしていきます。

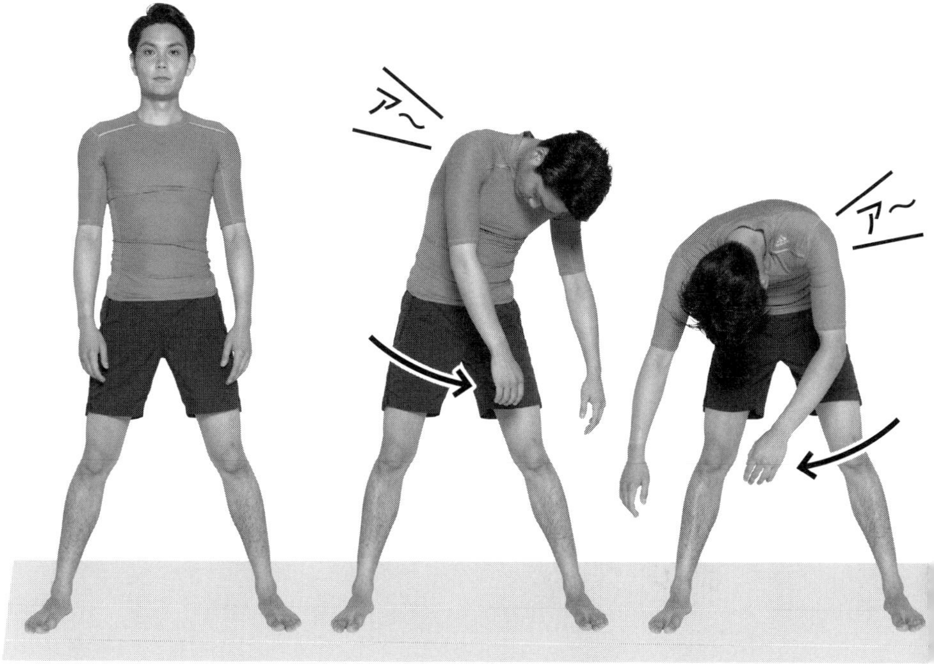

3

そのまま発声しながら体を起こしていく。

4

体が正面を向いたところで終了。発声も止める。1～4までの長さは 16 カウント、約8秒が目安。

B F D

2~3を
4回

ダメージケア

エルボー

肩の筋肉をリラックスさせ、肩こりを防ぎます。ひじで大きな円を描くように、息を吐き切りながら肩甲骨を回します。四十肩も予防します。

1 両腕をそろえて前に出す。

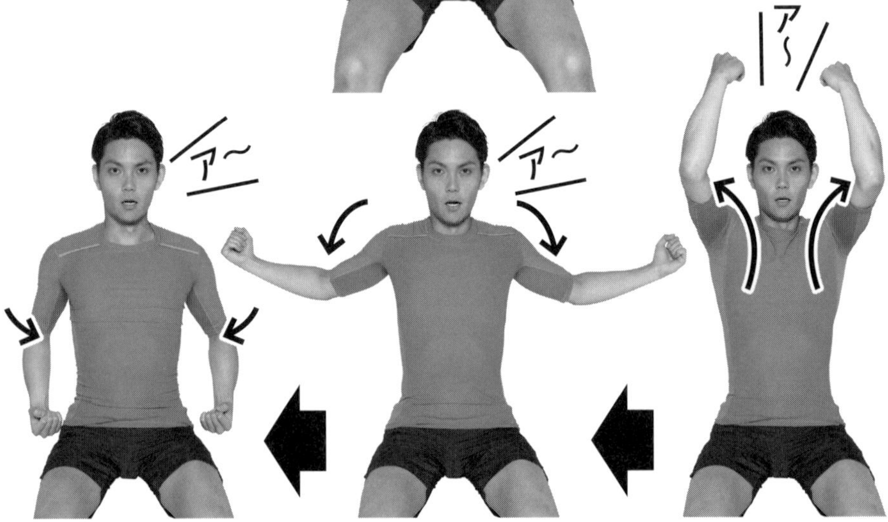

2 小さな裏声を出しながら、ひじが上から斜め後ろへ円を描くように肩を回す。16 カウント、約8秒で1の位置に戻し、裏声を止める。

ココに効く!
僧帽筋
肩甲骨周辺の筋肉をほぐすことで血流が改善し、肩こりを解消できます。骨盤の動きもスムーズになります。

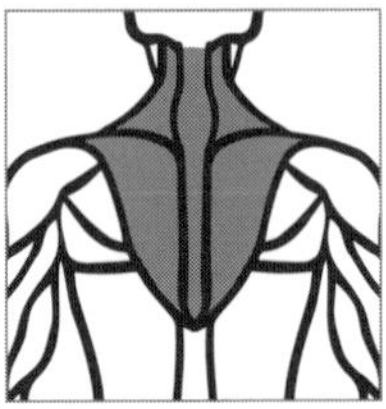

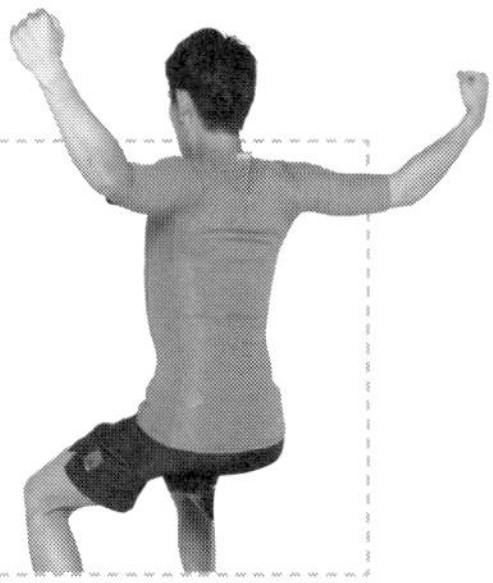

EASY

後ろから人に見てもらう

人に後ろから見てもらうと、肩甲骨の動きがよくわかります。

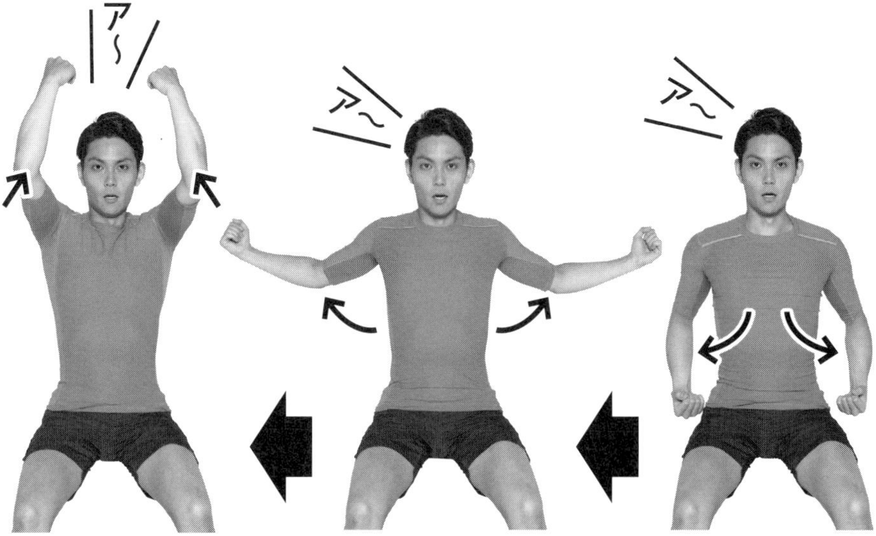

3

小さな裏声を出しながら、ひじが下から斜め後ろへ円を描くように肩を回す。16カウント、約8秒で1の位置に戻し、裏声を止める。

POINT

ひじで大きな円を描く

ひじの先でできるだけ大きな円を描くようにイメージして肩を回すと、肩甲骨がよく動きます。

B F D

2~3を
4回

ダメージケア

プレーンツイスト

飛行機の翼のように両腕を広げ、体をひねります。腹斜筋や複合筋が鍛えられ、腰痛の予防に役立ちます。もちろんウエストの引き締め効果もあります。

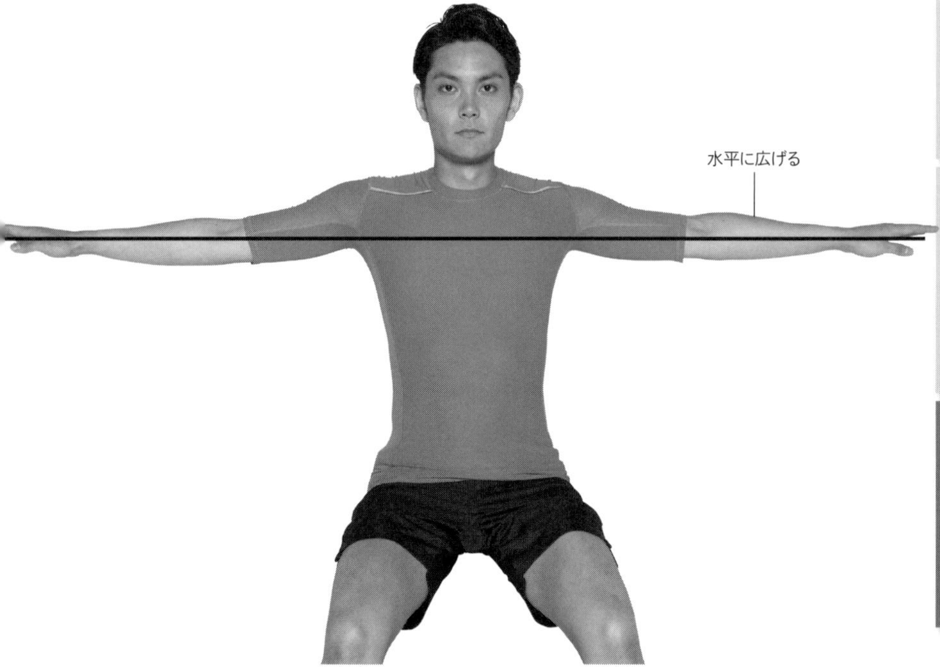

1

体を正面に向けて両手を水平に広げる。

ココに効く!
腹斜筋
お腹に巻きついている腹斜筋の柔軟性を高めます。ウエストを引き締めつつお腹回りの脂肪も燃やします。

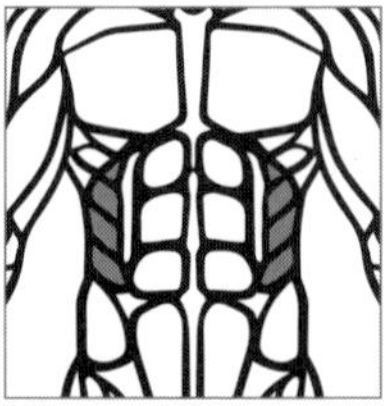

EASY

ひざに手をつく

肩に痛みがあるときは、ひざに手をついて行います。

2

小さな裏声を出しながら、骨盤の位置を固定したまま、上半身だけをひねる。16 カウント、約8秒で動きと裏声を止める。

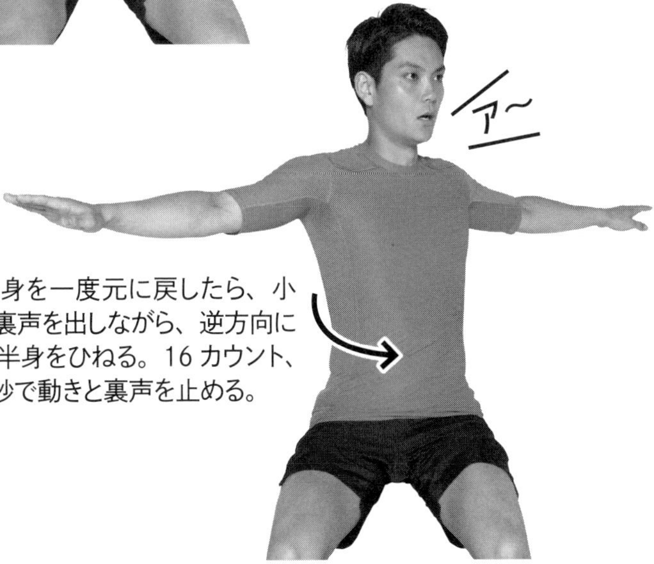

3

上半身を一度元に戻したら、小さな裏声を出しながら、逆方向にも上半身をひねる。16 カウント、約8秒で動きと裏声を止める。

POINT

上半身だけ回す

骨盤を正面に向けたまま、上半身だけを回しましょう。ただし、腰に負担がかかるので、痛くない位置で止めるように注意してください。

通勤やオフィスで ながらトレーニング

筋肉は回数が勝負。ワークアウト以外の日々の生活にも取り入れれば、効果が上がります。
7つのシチュエーションでできるトレーニングです。

1 電車に乗りながら

吊革を持って肋骨下部が開いた状態で、ボーカルストレッチの呼吸をします。

ボーカルストレッチ　→46ページ

2 車に乗りながら

大声を出せる車内では、50 メートル先に届けるイメージでお腹から声を出します。

Vフォニックス　→82ページ

3 歩きながら

ゆったりと歩きつつ、エックスをイメージしながら呼吸、表情筋と舌の運動をします。

ブレスエックス　→40ページ
リップ&タングロール　→44ページ

4 自転車に乗りながら

風を感じながら、ハミングを副鼻腔に響かせます。

ハミング　→98ページ

5 オフィスで座りながら

座ったままでオーケー。体幹力アップと男性機能向上を毎日の癖にします。

ブレスエックス　→40ページ

6 お風呂に入りながら

湿度たっぷりの浴室なら、声帯も潤う「プル艶」ストレッチになります。

リバースボイス　→48ページ

7 ベッドで寝ながら

横隔膜運動で自律神経に働きかけて、質の高い睡眠を確保できます。

ドッグブレス　→36ページ

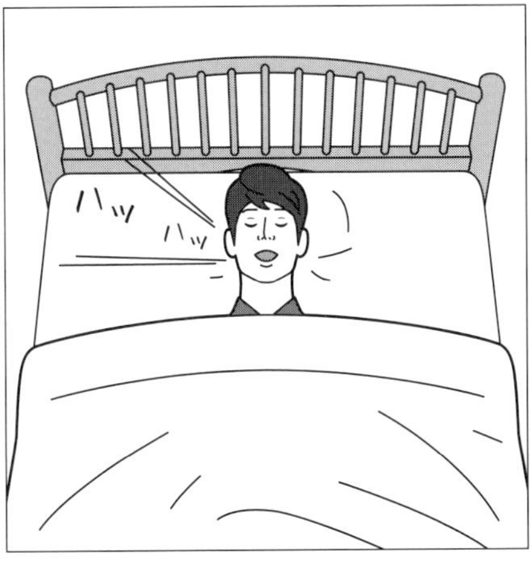

ま行

や行

ら行

英字

索引

おわりに

本書をお読みいただき、ありがとうございました。トレーニングはいかがだったでしょうか。

実際に体や声帯の筋力がアップしたことで、声が以前よりもうまく出るようになったでしょうか。やり遂げた「充実感」や、よどみなく声を出すことによる「ストレス軽減」効果なども手伝って、自信がみなぎり、精神的にも元気になるはずです。

研究を進めるなかで、声を出す筋肉はすべて「生命の源」である呼吸や食事と直接つながっていることがわかりました。そのため、正しいトレーニングをすると心も体も健康になるのです。

今まで自分の声が嫌いだったり、「歌は才能だから」と諦めたりしていたあなた。この筋トレにより声が出るようになったら、あなた自身はもちろん、周りの人や社会までもが明るくなります。

声の筋トレで思い通りの声を出して、新しい扉を開いてください。本書が少しでもそのお手伝いをできればうれしいです。

何にもとらわれない、あなたの魂の叫びが聞けるのを楽しみにしています。

２０１８年10月　東　哲一郎

著者
Author

東《ひがし》 哲一郎《てついちろう》
GOLDWAX代表
スポーツボイス開発者
一般社団法人 日本音楽健康協会 特任講師

GOLDWAX のボーカリストとしてダウンタウンDX オープニングテーマでデビュー。自身のレコーディングで、マイケルジャクソン「デンジャラスツアー」のメンバーと共演。世界との差に愕然として、発声法を研究。スポーツボイスを開発して歌手から俳優、アナウンサー等「声のプロ」を多く指導する。
フィットネスクラブでより多くの方にも正しい発声法を知ってもらうためにレッスンを開催する。
ホームページ http://www.goldwax.jp

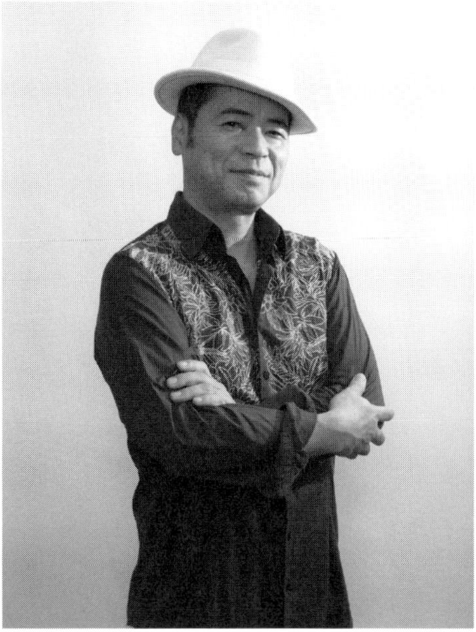

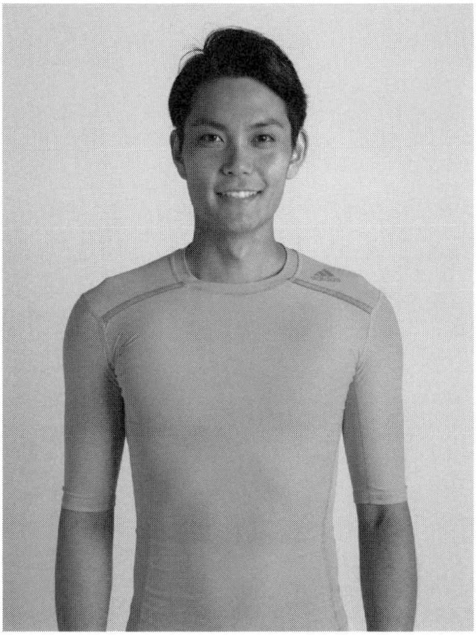

モデル
Model

緑川《みどりかわ》 大陸《ひろむ》
俳優

TV ドラマ、舞台、MV などで幅広く活躍する俳優。愛知県出身で筋トレとゴルフが趣味。キャッチャーとして 14 年の野球経験があり、柔道も嗜む。株式会社ミカーレ所属。
Instagram @midori9181

最強《さいきょう》の声《こえ》と体《からだ》を手《て》に入《い》れる!

マッスルボイトレ

2018年12月10日　初版発行
2019年 3 月 1 日　第2版発行

著　　者	東 哲一郎
発 行 者	須田直治
発 行 所	株式会社ヤマハミュージックエンタテインメントホールディングス
	出版部　〒171-0033　東京都豊島区高田 3-19-10　電話 03-6894-0250
	(インターネット・ホームページ　https://www.ymm.co.jp)
編　　集	株式会社ナイスク（http://www.naisg.com）
	松尾里央、石川守延、安原直登
編集協力	岩本勝暁
制作協力	内山りつ子
デザイン	沖増岳二
カバーイラスト	山口貴由
本文イラスト	内山弘隆
写　　真	小出昌輝
担　　当	片山淳、國井麻梨、吉田三代、河西恵里
印刷製本	シナノ印刷株式会社

ISBN978-4-636-96217-8 C0075